KB000056

그

여자의

출근공식

그

오늘도 힘겨운 워킹걸을 위한 회사 생활 설명서 ●

여자의

출근공식

● 유아정 지음

amStory
All about Making Story

목차

2
·

한 땀 한 땀,
관계는 장인정신으로 엮을 것

3
·

오래도록 뜨겁게,
버티는 힘을 기를 것

4

제2외국어보다 어려운 직장 언어를 습득할 것

5

나를 위한 삶에 당당해질 것

프롤로그

사람들을 만나 그들이 속한 세계 혹은 그 인간을 파헤치는 기자가 직업이다 보니, 하루에 적게는 한 명에서 많게는 열 명도 넘게 만남을 갖는다. 비슷한 직군에 속해있는 사람과 마주할 때도 있지만, 일이 아니고서는 한평생 길 가다 부딪힐 법도 없을 것 같은 사람들과의 미팅도 많다.

직위는 또 어떻고. 이제 막 대학교를 졸업한 신입사원부터 나와 비슷한 연차의 차장은 물론, 대기업을 이끄는 대표까지 다양하다. 나이도 이제 막 20대 중반에 접어든 순수한 영혼들부터 삶에 찌든 내를 팍팍 풍기는 40대 중후반 부장님, 더 나아가 기업의 별이라는 임원들까지 20대부터 60~70대까지 넘나든다.

그런데 이렇게 남녀노소 각계각층의 사람들을 만나 취재하면서 참으로 신기한 점을 발견했다. 한데 모아놓으면 직장인이라는 공통점 말고는 비슷한 점이 전혀 없는 것 같은 사람들이, 바로 그 공통점 때문에 과거에 비슷한 고민을 했고 현재에도 하고 있으며 미래에도 하고 있을 것이라는 사실이다.

세상에 나만 홀로 뚝 떨어져 회사에서 온갖 불편부당한 일을 당하고 있다고 생각하면 억울하고 분하고 서러워서 살아갈 수가 없다. 하지만 나뿐만 아니라 옆자리 이 과장도 비슷한 일로 머리를 쥐어싸매고 있고, 세상에서 제일 잘났다고 소리를 빽빽 지르는 김 부장도 과거 이런 일 때문에 고민했으며, 내가 언감생심 저 자리 비스무레하게 오를 수는 있을까 싶은 자리에 떡하니 있는 박 전무까지도 흡사한 고민으로 몇 날 며칠 밤을 지새웠다.

누군가 나에게 이런 현실을 조금이라도 귀띔해 주었더라면 힘겨운 회사 생활에 조금이라도 힘이 되지 않았을까 아쉬워하던 차, 여전히 밤길을 헤매는 어린 양 같은 후배들을 위해 왕 언니로서 조언을 담은 책을 쓰면 어떻겠느냐는 제안을 받았다.

처음엔 펄쩍 뛰었다. "어휴, 나도 아직까지 헤매는데 감히 누구에게 '지적질'을 할 수 있겠어, 제일 잘 나가는 직장인도 아니고." 하지만 출판사의 설명은 달랐다. 요즘은 최고로 잘난 사람이 나 잘났다고 쓰는 책보다는 비슷한 처지의 사람이 해주는 조언이 공감을 얻는 시대란다. 아무리 멋지고 화려하면 뭐하나, 나와는 다른 별나라 사람의 일이라고 생각되면 소용없다는 것. 오히려 제일 빨리 승진하지 못하고 가장 잘 나가지는 못하니 책을 써도 된다는 논리였다.

그렇다면 뭐, 약간 슬프긴 하지만 나처럼 평범하기 그지없는데 나이 마흔이 넘도록 꾸역꾸역 회사 생활을 꾸려가고 있는 것도 나름대로 후배들에게 힘이 될 수 있겠구나 싶었다. 나만큼 다양한 사람들로부터 다양한 직장군의 살아있는 히스토리를 매일 듣는 이도 흔치는 않을 테니, 이처럼 방대한 데이터베이스를 썩히는 게 아깝다는 핑도 한몫했다.

이 책은 세상에 당신보다 조금 일찍 태어나 조직에 먼저 발을 디뎠다는 이유만으로 선배라는 타이틀을 달고 있는 한 여자가 후배들에게 일러주는 회사 생활 설명서쯤으로 이해하면 되겠다. 지나고 보니 당시 선배가 이런저런 이야기를 조금이라도 흘려주었으면 훨씬 힘이 되었을 텐데 싶은 것들을 모았다. 그래서 제목도 '그 여자의 출근공식'이다. 이럴 땐 이렇게 저럴 땐 저렇게 풀어갔으면 좋겠다는 바람이 담겨있다고나 할까.

다만, 이 출근공식이 수학처럼 딱 떨어지는 정답을 제시한다고는 장담하지 못하겠다. 분명 책을 읽다 보면 공감하는 부분도 있을 것이고, 이건 아닌데 싶어 고개를 가로젓는 부분도 있을 것이다. 그러나 인생에 정답이 어디 있겠는가. 그렇다면 또 하나의 종교가 탄생할 일 아닌가.

그래도 당신이 고민하는 일이 직장인이라면 99% 고민하는 것이라는 사실, 그리고 모두들 그 안에서 답을 찾기 위해 이런저런 방법으로 고군분투하고 있다는 사실을 알게 된다면 외롭고 힘든 회사 생활에 조금이나마 보탬이 될 것이라 믿는다. 그 안에서 유레카를 외칠 수 있는 길을 찾았다면 더할 나위 없이 반가운 일이고.

막상 책을 마주하려니 행여 나의 섬세하지 못한 글솜씨에 상처받는 이는 없을지 조심스럽다. 하지만 여전히 욱하는 성격에 할 말 다하고 뒤돌아서서 "내가 미쳤지"하며 혀를 깨물거나, 예상치 못한 공격에 칼 한번 빼보지 못하고 속수무책 낭하고, 잘나가는 누군가의 화려한 언변 앞에서 한없이 작아지는 나 자신을 발견하고 슬퍼하는 덜 떨어진 인간의 허심탄회한 글이라 그런 거려니 너른 마음으로 이해해주길 바란다.

끝으로 책이 나오기까지 힘을 북돋아준 이들에게 감사의 마음을 표한다. 영원히 내 편인 남편 정말 고맙고, 엄마 글 써야 되니 빨리 자라고 닦달할 때마다 조용히 침실로 향했던 딸들에게 진심으로 감사하다. 언제나 응원을 아끼지 않으시는 부모님과 시부모님 사랑합니다. 나의 징징거림을 유쾌한 웃음으로 너끈히 넘겨버렸던 출판팀 고수 승윤 무지 고맙고, 자분자분한 말투가 매력적인 지혜 애썼다. 날 끝까지 믿어주신 김희연 대표님께는 무한 애정을. 그리고 펄떡펄떡 살아 숨 쉬는 사례를 눈물, 콧물 흘려가며 털어놓았던 수많은 취재원들에게도 꼭 감사의 말을 전하고 싶다.

1.

달콤 살벌한
정글 속,

마인드부터
바꿀 것

때로는 단순함과 무심함에 답이 있다

"아, 전 애 낳고 마흔 살 넘어서까지 기자로 일할 수 있다는 건 상상도 못 했어요. 저희 편집국엔 그런 선배가 없었거든요."

작년에 신문사를 그만두고 대기업 홍보실로 이직했다는 전 차장은 옅은 한숨을 쉬었다. 매일 터지는 사건·사고들, 퇴근 시간을 가늠할 수 없는 근무 조건과 이어지는 취재원들과의 술자리 등은 애 딸린 여기자가 감당하기에는 답이 안 보였단다.

"그런데 기자님은 두 자녀나 건사하면서 어떻게 지금까지 직장 생활을 하시는 거예요?"

'……어? 나 이제까지 어떻게 회사를 다닌 거지?'

두둥, 그러고 보니 편집국을 통틀어 40대에 자식을 둘씩이나 키우는 여기자가 나밖에 없다. 대학 졸업하고 바로 입사한 덕에, 군대 갔다 온 남자 동기들보다 많게는 네살 적은 나이로 온갖 귀여움을 독차지하던(이라고 생각하런다) 나는 꽤 오랫동안 '편집국에서 제일 나이 어린'이라는 타이틀을 자랑했다. 그런데 문득 주변을 돌아보니 여자 동기들이 떠난 지는 오래고, 잔소리를 퍼붓던 선배들도 하나둘씩 그만둬 내가 '최고령 여기자'라는 딱지를 붙이고 앉아있는 거다. 어머나 세상에 이런 일이?

이쯤 되면 내가 지금까지 자리를 지킨 대단한 노하우나 화려한 무용담 같은 게 한두 개쯤 있으면 좋으련만 사실 별게 없다. 그저 눈이 오나, 비가 오나, 애가 아프거나, 내가 쓰러질 것 같아도 '회사는 나가야 하니까'라는 단순명제 때문에 꾸역꾸역 다니다 보니 이 자리에 서있다. 초등학생 때 다른 상은 몰라도 개근상은 꼭 타야 한다는 부모님 철학이 내 나이 마흔까지 영향을 미친 까닭일까.

그래도 남들은 힘들어서 못 해먹겠다며 한 명, 두 명 자리를 뜨는데 여기까지 버틴 비법이 있지 않을까 곰곰이 생각해보니 단순함, 무심함, 둔함 등 주로 남들보다 뭐가 모자라서 가능했던 것 같다. 조금이라도 복잡한 일이 생기면 머릿속 회로가 3배 꼬여버려 잘하던 일도 버벅대는 나는, 성격까지 급해서 그나마 일이 빨리 처리되지 않으면 스스로 폭발해버린다. 하지만 회사를 다니면서 애도 봐야 하는 워킹맘이 되자, 이 같은 조합은 단순히 '원 플러스 원(1+1)'이 아니라 '텐 플러스 텐(10+10)'이 된다는 걸 뼈저리게 느꼈다. 모든 일을 완벽하게 처리할 수 없음을 깨달은 것이다. 성에 차지 않지만 어느 정도 포기할 건 포기해야 굴러갈 수 있다는 걸 알게 되면서 생존을 위한 노하우를 터득했는데, 그중 가장 중요한 것은 행동과 사건을 최대한 단순화하는 일이다. 회사와 집에서 각각 해결해야 할 핵심 과제를 간추리고, 나머지는 잠시 미뤄두거나 아쉽지만 혀 깨물고 접어야 한다. 이런 행동들을 반복하다 보니 생각도 단순해졌다.

많은 워킹걸들처럼 나 역시 앞으로 회사에서의 입지와 가정에서의 역할 등 딱히 답은 없지만 꼬리에 꼬리를 무는 생각으로 심난해질 때가 많다. 하지만 어느 순간 나는 이 모든 것을 블랙아웃시킬 줄 아는 '기특한' 기술을 갖게 됐다. 어니 J. 젤린스키는 『모르고 사는 즐거움』에서 우리가 하는 걱정의 96%는 쓸데없는 걱정이라고 하지 않았나. 하도 많이 인용돼서 이제는 식상한 말이 되었지만, 그래도 '내가 진짜로 걱정하며 해결해야 할 일이 4%에 불과하다'는 건 꽤나 위로가 되는 말이다. 더 생각해봤자 정답이 있는 일도 아니고 괜히 머릿속만 복잡해지고 우울해진다.

단순함은 무심함으로 이어진다. 있어 보이게 말하면 '내공'인데, 쉽게 말하면 남들의 반응에 둔한 거다. 옆에서 북치고 꽹과리를 쳐도 눈을 동그랗게 뜨고 "응? 지금 무슨 일이 벌어지고 있어?"라는 사람들이 있다. 남들이 보기엔 답답해 속이 터져 미치고 팔짝 뛸 지경이지만 정작 본인은 평화롭기 그지없다. 이 정도까지는 아니지만 나는 매사 둔해지려고 애를 쓴다. 모든 일에 각을 세우고 파르르하다 보면, 정작 중요한 순간에 써야 될 에너지가 고갈된 것을 깨닫고 뒤늦게 당황하게 된다. 당장 해결해야 할 일이 산적해 있는데 직접적으로 관계가 없는 주변에 일일이 다 반응하다간 써야 할 기사는 언제 다 쓰고, 퇴근은 언제 해서, 큰딸 숙제는 언제 봐주나.

물론, 모든 일이 그러하듯 인생은 동전의 양면이다. 단순하고 무심하다 보면 회사가 어떻게 돌아가는지 몰라 제대로 대처하지 못하기도 하고, 승진에 밀리기도 하며, 사람들이 뒤에서 내 험담하는 것을 뒤늦게 알고 이 나이에 험한 꼴을 당하기도 한다. 순간순간 치밀어 오르는 욕지기를 참지 못할 정도로 분할 때도 있고, 서럽고 억울할 때도 많지만 이때도 단순함, 무심함, 둔함은 큰 힘을 발휘한다.

"됐어, 지들끼리 그러든지 말든지."

"그런 일이 있었구나. 다음엔 나도 껴줘."

"에효, 이미 끝난 거 어쩌겠어."

그래도 회사 사정을 손바닥 보듯 빠삭하게 꿰차고 있고, 어디선가 누군가에 무슨 일이 생기면 틀림없이 나타나는 홍반장처럼 온갖 일에 오지라퍼로 나서는 사람들도 별 수 없이 내 주변에 많이 남아있지 않은 걸 보면 이 같은 방법이 효과가 있긴 있는 모양이다.

일만 잘하는 미운오리새끼는 날지 못한다

"선배, 이게 말이 돼요? 대체 내가 뭘 못했다는 거예요? 내가 가만히 있으니 가마니인줄 아나 봐요!"

전날 밤, 분해서 한숨도 못 잤다는 후배 이 기자의 손이 파르르 떨렸다. 붉게 충혈된 눈은 시뻘건 레이저 광선을 쏘아내기 직전이다. 설움에 북받치듯 눈가가 촉촉해지더니 이내 억울해 죽겠다며 엉엉 울음을 터뜨렸다.

이 기자는 올해 차장을 달고 열심히 일한 만큼 연말 인사고과에서 당연히 좋은 평가를 받을 거라 믿어 의심치 않았다. 기자의 본분인 기사를 지문이 닳도록 쓴 깃은 물론, 세상을 떠들썩하게 만들었던 임팩트 있는 기사도 몇 건이나 터뜨려 본인은 물론 회사의 위상을 높였다고 생각했다. 남들이 귀찮아하는 기획기사도 먼저 나서서 아이디어를 내고, 발바닥에 땀나도록 열심히 취재해 지면을 화려하게 장식했다. 1년 동안 쓴 톱기사 수를 세어보니, 같은 부서의 같은 연차인 남자 기자보다 1.5배나 많았다. 그런데 결과는 참담했다. 이제까지 그 어디에서도 받아본 적이 없는 최악의 점수를 받은 것.

누구나 이런 경험이 있다. 수치상으로 드러나는 실적이 뛰어나면 이는 명백한 근거가 되기 때문에 나에 대한 평가가 좋을 것이라고 '편리하게' 생각한다. 시험을 잘 봤는데 성적표가 나쁘게 나올 수 없다는 논리와 같다. 하지만 이 기자가 간과한 게 있으니, 회사는 학교가 아니라는 불편한 진실. 학교를 다닐 때는 과목별 점수가 석차에 영향을 미치는 요인의 전부였다. 학습 태도나 학우들과의 관계는 '선생님 한 말씀'칸에 언급되거나 말거나. 인성이 아무리 강조되는 시대라고 해도 이를 점수화해서 등수에 반영했다는 훈훈한 얘기는 들어본 적이 없다.

하지만 회사는 가능하다. 심지어 연차가 올라갈수록 퍼포먼스(performance, 성과)보다는 애티튜드(attitude, 태도)가 더 큰 영향을 미친다. 사원일 때는 자신에게 주어진 일만 열심히 하면 된다. 초등학생이 구구단만 달달 잘 외우면 되는 것과 비슷한 이치다. 그러나 대리-과장-차장이라는 꼬리표를 달기 시작하면 달라져야 한다. 많은 이들이 대리가 되면 구구단을 2배속쯤으로 외우면 된다고 착각하곤 하는데, 이런 논리라면 다음 직급인 과장은 인도 아이들이 눈감고 줄줄 읊는다는 19단까지 외우면 되고, 차장은 19단을 2배속 정도로 외워주시면 되겠다. 하지만 구구단을 뗐으면 다음엔 2차 방정식을 풀고 미적분을 해결해야 하는 게 수순이다.

이 기자의 경우는 중학생이 되어서도 미련하게 "나는 구구단을 진짜 빨리 외운다"고 자랑하는 것과 다를 바 없었다. 그 연차에 요구되는 2차 방정식을 외면한 결과다. 차장쯤 되면 부서원 간의 관계 조율 역시 고려해야 한다. 이를테면, 선후배와 커피를 자주 마시는가, 부서원들이 무슨 일 때문에 즐겁고 슬픈지 알고 있는 것인가 등. 또한 부서장과의 교류도 중요한 부분을 차지한다. 즉, 애로사항을 부장에게 슬쩍 흘려주는 센스가 있는가, 부장이 혼자 점심을 먹게 됐을 때 손을 먼저 내밀어주는가, 혹은 타 부서와의 원활한 커뮤니케이션 능력을 탑재했는가 그리고 상사를 대할 때 '마음에서 우러나는' 공손함을 갖췄는가 등이다. 구구단은 외울 줄만 알면 되지 굳이 2배속으로 외울 필요는 없는 것이다.

어떻게 이런 주관적 일들이 가장 객관적이어야 할 인사고과에 영향을 미치느냐고 억울하고 분할 수도 있겠다. 그러나 일을 하는 것도 사람, 그를 평가하는 것도 사람, 월급을 주는 것도 사람, 이 모든 게 '사람이 하는 일'이기 때문에 벌어지는 일이다. 때로는 나의 무심하고 무례한 행동들이 사람을 실망시키거나 서운하게 만들면, 이는 결국 나에 대한 전반적인 평가로 남게 된다. 이쯤 되면 화려한 퍼포

먼스나 실적은 별나라에서나 찾을 법한 얘기가 된다.

동기 중에 가장 먼저 팀장을 단 정 팀장에게 축하의 인사를 건네며 어찌 지내는지 물었다.

"나야 뭐 늘 똑같지. 부장님과 밥 먹고 하릴없이 수다 받아주고. 사장님이 불러서 뭘 시키면 '네, 즉시 진행사항 보고드리겠습니다'라고 씩씩하게 말하고."

일만 잘하면 되지 뭐 저런 것까지 신경 써야 하느냐고, 자존심 상해서 못 하겠다고? 일 열심히 하고도 일 못하는 사람으로 낙인 찍히는 게 더 자존심 상하는 일 아닐까. 나의 가치를 높일 수 있는 일이 무엇인지 한발 더 내다보는 혜안도 직장 생활에선 필요한 법이다. 휴우, 먹고 살기 힘들다.

돌아이 총량 보존의 법칙

직장 생활에서 겪는 어려움은 업무보다는 인간관계 때문에 발생하는 경우가 많다. 나만 하더라도 회사를 그만둘까 고민했던 8할의 이유가 '일'인 척 포장했지만, 실상은 '사람 스트레스' 때문이었다. 업무를 합리적으로 분배해주기는커녕 떠넘기기 급급한 상사, 뱀 몇 마리가 똬리를 틀었는지 같은 말이라도 비비 꼬아 말하는 선배, 세상에서 제일 잘난 줄 아는 동기, 내 말은 귓등으로 듣는 무례한 후배 등. 보면 볼수록 부아가 치밀고 그들이 암 덩어리가 되어 나의 생명을 갉아먹고 있다는 생각에 사표를 열두 번도 더 썼다, 찢었다를 반복했다.

얼마 전 한 취업포털 사이트에서 직장인 888명을 대상으로 직장 내 스트레스 요인을 조사한 결과, 역시나 1위는 '능력 없고 심술궂은 상사'(39.2%)였고, '동료와의 불편한 인간관계'(24.1%)가 그 뒤를 바짝 따라붙었다. 또한, 직장인 244명 중 86.6%가 직장 내 따돌림으로 스트레스를 받은 적이 있다는 한국직업능력개발원의 조사 결과는 얼마나 많은 직장인들이 비틀어진 인간관계로 괴로워하는지 보여준다.

그러나 이에 대처하는 방식은 사람마다 각양각색이다. 컴퓨터 자판이 부서져라 사내 메신저로 상사 뒷담화에 열불을 내는 사람이 있는가 하면, 상대와 똑같이 생긴 짚 인형을 만들어 바늘을 백만 개 꽂아주리라 다짐하는 사람도 있다. 또는 퇴근길에 마음이 맞는 사람과 술잔을 기울이며 신세한탄을 한다거나, 그동안 장바구니에 담아왔던 물건들을 시원하게 카드로 긁으며 스트레스를 푸는 사람도 있다. 하지만 그중 제일 나쁜 케이스는 '더 이상 저런 인간과 같이 일할 수 없다'며 비분강개하다가 준비도 덜 된 상태에서 다른 직장으로 옮기거나 무턱대고 그만두는 경우다.

북한군도 무서워한다는 사춘기의 정점 중2 엄마들 사이에서 회자되는 법칙이 있다. 일명 '난리 총량의 법칙'. 사람이 평생 부리는 난리의 총량은 정해져 있기 때문에 죽기 전까지는 반드시 그 양을 쓰게 되어있다는 것이다. 이에 학부모들은 "대입을 앞둔 고3이나 취직을 앞둔 대학생 때 난리 치는 것보단 중2 때 다 써버리는 게 낫지"라며 위안을 삼는단다.

대한민국 사춘기 중학생들에게 이 법칙이 적용된다면,

직장인들에게는 '돌아이 총량 보존의 법칙'이 있다. 어딜 가나 이상한 사람이 꼭 한 명씩은 있는데, 그 사람의 이상한 정도가 심하지 않으면 비슷한 사람이 여러 명이고, 운 좋게 그 이상한 사람이 잘리거나 전근을 가면 다른 이상한 사람이 새로 들어온단다. 더 나아가 그가 회사를 그만 뒀음에도 이상한 사람이 들어오지 않는다면 멀쩡하던 이가 이상해진다는 이 무시무시한 법칙은 회사에 몸담고 있는 사람이라면 누구나 공감할 법하다.

특정 인물이 싫어 퇴사를 고려한다면 잠시 심호흡을 하자. 다행히 그가 상사라면 나보다 일찍 회사를 떠날 가능성이 높으니, 이 괴로움의 시간이 길어질 수는 있지만 영원하지는 않을 것이라 위안 삼을 수 있다. 동기나 동료이면 신경은 거슬리지만 알고 보면 저나 나나 비슷한 처지일 뿐이다. 그 때문에 나의 아름다운 영혼을 멍들게 할 필요는 없다. 업무의 중요도나 적합성, 합리성, 미래지향성 등과 같은 보다 '고귀한' 이유 때문이라면 사직 혹은 이직을 고려할 수 있다. 그러나 사람이 싫어 그만두는 것은 또 다른 '돌아이'와 마주할 가능성이 있는 만큼 잘 따져봐야 한다.

GE 전 회장인 잭 웰치의 부인이자 「하버드 비즈니스 리뷰」의 편집장인 수지 웰치는 어떤 일을 판단할 때 '10-10-10 법칙'에 근거하라고 조언했다. 10-10-10은 각각 10

분, 10개월, 10년을 뜻하는데, 인생의 모든 선택과 결정의 순간에 10분(단기), 10개월(중기), 10년(장기) 후의 결과를 생각해보라는 것이다. 즉, 지금 일어난 일이 과연 10분 후의 나의 감정에 영향을 미치는지, 10개월 후 그리고 10년 후에는 어떤 영향을 미치는지를 잘 생각해보라는 것이다. 번갯불에 콩 튀겨먹는 급한 성격의 소유자인 나는 10-10-10을 5-5-5로 바꿔 생각해보곤 한다.

- 지금 나를 향해 '짖고' 있는 저 인간 때문에 5분 후에도 내가 분하고 화가 날까?

   (당연히 그렇고 말고!)

- 그렇다면 5개월 후에도 화가 나서 동동거리고 있을까?

   (아마 그러지 않겠어?)

- 그러면 5년 후에는 화병으로 앓아 눕겠는데?

   (설마…… 내가 무엇 때문에 그랬는지 기억조차 하려나?)

튀면 총 맞는다

내가 고등학교를 다니던 1990년대만 하더라도 일주일에 한 시간씩 남학생들은 카빈(Carbine) 소총이나 M16 소총 모형으로 총검술을 배우고, 여고생들은 붕대 감는 법이나 구급법 등을 배우는 교련 시간이 있었다. 대체 이걸 배워 언제 어디서 써먹냐며 친구들과 구시렁댔지만, 여군 출신인 교련 선생님께 감히 질문하는 학생은 단 한 명도 없었다. 그날도 각을 잡고 단정히 앉아 친구들의 머리통을 붙잡고 열심히 붕대 매는 법을 연습하고 있는데, 갑자기 선생님의 회초리가 내 목덜미를 강타했다.

"유아정 학생, 핑크색 리본이 웬 말입니까! 튀면 바로 총 맞아 죽습니다!"

그렇다. 모두들 교련 시간에는 까만색 고무줄에 까만색 실핀만 꽂았던 것이다.

아, 그런데 살아보니 튀면 죽는 것은 비단 교련 수업 시간뿐이 아니었다. 직장에서도 튀면 총 맞는다. 얼마 전 잘

나가는 패션지의 피처 에디터가 사표를 던졌다는 소식을 들었다. 그동안 꾸준히 책도 쓰고 방송 활동도 하던 그녀는 우연히 모 프로그램에 패널로 참석했고, 유쾌한 입담과 매력적인 외모로 순식간에 화제의 인물로 떠올랐다. 처음에는 회사에서도 반기는 눈치였다. 그녀 덕분에 잡지사 이름이 널리 알려졌고, 온라인 독자 참여도 폭발적으로 늘었다는 희소식이 들렸기 때문이다. 그러나 본격적인 문제는 그다음이었다. 그녀의 존재가 사무실 내에서든 밖에서든 너무 부각되자 결국 회사는 업무 차질을 이유로 외부 활동을 일절 금지하기에 이르렀다. 이를 부당하다고 여긴 그녀는 회사를 박차고 나왔다.

국내 대기업 패션 디자인팀의 한 디자이너는 최근 유행 스타일을 제안하는 방송 프로그램에 출연 제의를 받았지만 끝내 나가지 못했다. 그녀는 자신이 하고 있는 일을 방송에 나가서 얘기하는 것이니 별문제가 되지 않을 것이라고 생각했다. 또 주말에 녹화를 하기 때문에 업무에도 방해되지 않고, 노출되는 의상은 모두 자신이 몸담고 있는 회사 제품만 보여주기로 한 터라 회사의 이미지나 브랜드 제고에도 도움이 될 것이라 생각했다. 그러나 상사로부터 돌아온 대답은 뜻밖에도 '불가(不可)'였다. 다른 부서원들과의 형평성에 문제가 생길 수 있다는 게 이유였다.

회사 생활을 하면서 저지르는 착각 중 하나가 '내가 잘

나가서 회사에 보탬이 된다면 결국 회사도 좋아하지 않을까'다. 그러나 이는 이미 튀는 혹은 튀고 싶은 사람들이 자신의 마음이라도 편하고자 내세우는 자기합리화 정도로 치부된다. 수평적 관계와 수직적 관계가 어지럽고도 복잡하게 유기적으로 얽혀있는 회사라는 곳은 결코 튀는 단 한 명을 반기지 않는다. 앞 사례의 패션지 에디터나 디자이너처럼 외부 활동으로 스포트라이트를 받게 되는 경우는 물론이고, 내부에서도 다른 사람과 차별화되는 경우 (일을 뛰어나게 잘해서든, 하는 행동이 남달라서든, 옷을 특이하게 입어서든) 여지없이 따가운 시선을 한 몸에 받게 된다. 회사는 항상 획기적인 아이디어, 남과 다른 인물이야말로 이 시대가 원하는 인재상이라고 말하지만 현실은 그리 녹록지 않다.

우선, 수평적인 관계에서 볼 때 튀는 한 명은 같은 직급에 놓여있는 수많은 다른 사람들과의 조화에 찬물을 끼얹는 암적인 존재다. 회사에 보탬이 되고 자시고는 여기서 별로 중요한 문제가 아니다. 튀는 한 명이 회사에 가져오는 수익이나 이득보다는 당장 평범한 수많은 다른 사람들과의 부조화로 야기되는 문제점이 더 크다고 회사는 판단한다. 균형과 조화라는 가치가 무엇보다 중시되는 수평적 관계에서, 이를 무너뜨릴지도 모르는 싹에게 물을 주고 비료를 주며 무럭무럭 키우는 담대한 회사는 흔치 않다. 수직적 관계에서도 마찬가지다. 윗사람 입장에서 튀는 인물을 동일 선상의 비슷한 직급에 자리하고 있는 수많은 다른 이들과 똑같이 다루기 어렵게 된다. 그가 아무리 회사에 도움이 되는 빛나는 존재일지라도, 상사가 쉽게 다루지 못하는 튀는 아랫사람은 수직적 관계에서 결코 유쾌한 존재가 될 수 없다. 튀는 그 인물이 더 이상 윗사람이 자리하지 않는 피라미드의 최정점에 위치한 대표이사가 아닌 이상 말이다.

그렇다면 우리는 회사 생활을 영위함에 있어 무조건 수 그리고 조개 속 진주처럼 언젠간 나의 가치를 알아줄 귀인을 기다리며 힘들게 살아가야 하는가. 이는 개인의 판단에 따라 다를 것이다. 빛나는 나의 천재성을 도저히 감출 길이 없다고 생각하거나 혹은 귀인을 더 이상 기다릴 이유가 없다는 판단이 서면, 나를 짓누르는 회사를 박차고 나가 다른 길을 모색하는 편이 나을지도 모른다. 규모는 작지만 내가 돋보일 수 있는 회사로 이직하는 것도 한 방법이다. 그러나 지금 당장 메인잡은 이 회사이고 나를 튀게 만들어주는 부가적인 활동은 서브잡에 지나지 않는다면, 서브잡을 위해 메인잡을 버리는 것은 위험천만한 일이다. 궁극적으로 내가 원하는 바가 무엇인지, 회사가 수용할 수 있는 허용 범위는 어느 정도인지, 내가 타협할 수 있는 수준은 어디까지인지 잘 가늠해야 할 것이다.

남든지 떠나든지 이것 하나는 기억해야 한다. 어느 조직이든 튀는 존재를 싫어한다는 것. 공기업이든 사기업이든 내가 사장인 1인 기업이 아니고서야 다 비슷하다. 정도의 차이가 있을 뿐. 그럼에도 불구하고 내가 튀는 사람인 것 같다면, 혹은 튀고 싶은 사람이라면 이 명제를 인지하고 행동해야 한다. 알고 행동하는 것과 모르고 행동하는 것은 천지 차이니까.

곁가지 일이라고 투정 부리지 말자

"회사에서 하는 일이 거의 없는데 월급을 정말 많이 줘서 행복해 죽겠다는 사람이 있을까?"

이런 질문을 하는 것 자체가 '어디 덜 떨어진 애 아니냐'며 칼침 맞기 십상이다. 이런 사람은 우리나라뿐 아니라 세상 어디에도 없다고 봐도 무방하다. 월급쟁이란 매일 쏟아지는 일 폭탄에 지쳐 나가떨어질 것 같지만, 그래도 '에휴, 어디 남의 돈 받아먹는 게 쉽겠냐'고 스스로를 다독이며 꾸역꾸역 일을 해나가는 사람들의 통칭이다. 물론 일하는 게 정말 재미있고 보람 있다며 회사 나오는 것을 즐기는 경우도 간혹 봤다. 하지만 일에 비해 월급을 많이 받아 행복하다는 사람은 본 적이 없다. 회사란 내 능력을 최대치 뽑아 먹을 수 있을 만큼의 일감이 항상 넘치는 곳이다. 그런데 여기에 다른 일까지 하게 되는 경우가 종종 발생한다. 내 일이야 그만큼 월급 받고 하는 일이니까 수긍을 하지만 원래 내 소관이 아니었거나, 혹은 가외 일을 하게 되면 그 짜증은 이루 말할 수 없다.

국내 모 뷰티 브랜드 홍보팀에서 일간지 언론 홍보를 담당하던 황 차장은 3년 전 새로운 사장이 부임하면서 SNS 등 온라인 홍보·마케팅까지 담당하라는 지시를 받았다. 월급은 똑같은데 하루아침에 일이 세 곱절 늘어난 그녀는 처음엔 속상한 마음을 억누를 길이 없었다. 심지어 사이버 세상에 무심했던 그녀는 그제야 부랴부랴 SNS 계정을 만들고 온라인 세상에 발을 디뎠다. 처음에는 댓글과 '좋아요'를 남기는 것조차 낯설었지만, 일하다 보니 어느새 오프라인 못지않게 생동감 넘치는 온라인 시장의 매력에 빠지게 됐단다. 오히려 실제 매장이나 간담회에서 소비자나 기자들을 만나는 것보다 더 빠르고 생생하게 피드백이 오는 것을 보면서, 한동안 잊고 있었던 일에 대한 열정도 되살아나고 반짝이는 아이디어도 솟구치더라는 고백.

긍정적인 영향은 이뿐만이 아니었다. 자신이 동경해 마지않던 세계적인 명품 브랜드에서 새로운 홍보 팀장을 뽑는데, 특히 온라인 홍보·마케팅에 경험이 있는 사람을 우대한다는 소식이 들렸다. 지난 3년간의 성과를 소상히 적어내고 앞으로 어떻게 하고 싶다는 구체적인 방안까지 제시한 그녀는 수많은 경쟁자들을 물리치고 당당히 합격했다.

"온라인 홍보 · 마케팅까지 하라는 지시가 내려왔을 당시엔 회사가 나를 얼마나 만만히 보길래 이런 일까지 시키나 싶었죠. 사장과 직접 면담을 해서 못 하겠다 그럴까도 생각했어요. 그런데 그 일을 당시에 거절했으면 어쩔 뻔했어요. 지금은 다양한 경험을 하게 해준 전 회사에 배꼽인사라도 하고픈 심정이에요."

다른 일이 곁가지로 얹어지는 것뿐 아니라 아예 생뚱맞은 다른 일을 하라고 인사 명령이 내려지는 경우도 있다. 원하는 인사이동이었으면 문제가 없지만, 난데없는 인사발령이라면 그 속상함은 이루 말할 수가 없다.

일간지 체육부에서만 십여 년을 넘게 기자생활을 했던 한 선배는 어느 날 느닷없이 계열사에서 새롭게 창간하는 여성 월간지 피처팀 팀장으로 발령이 났다. 차장에서 부장으로 승진하는 것이기는 했지만 원치 않은 계열사 간 이동인 데다가, 취재 환경이나 출입처 등이 모두 낯설어 한동안 몸고생, 마음고생이 심했다. 몇 년이 흘러 일에 익숙해질 법하니 이번에는 뜬금없이 광고 영업부로 발령이 났다. 그러던 그녀는 지난해 신생 잡지사 편집장으로 스카우트 돼 화려한 부활의 신호탄을 쏘아 올렸다. 워낙 불경기라 난다 긴다 하는 잡지사도 폐간 여부를 고민하는 요즘이지만, 그녀가 편집장으로 진두지휘하는 잡지사는 달랐다. 여타 잡지와 차별화되는 콘텐츠와 심도 있는 기사, 그리고 탄탄한 유통망으로 삽시간에 주요 매체로 자리매김했다.

"당시에 난 일간지 기자인데 왜 잡지사 기자가 되어야 하나, 광고 영업이 웬 말이냐 했는데 그때의 경험이 없었다면 현재의 나는 어떤 모습일까. 일간지 출신이라 월간지에선 빠르게 마감을 한다는 장점이 돋보였고, 광고 영업을 한 경험 덕분에 콘텐츠를 만드는 것뿐 아니라 어떤 식으로 유통을 해야 하고 어떻게 매출을 낼 수 있을지 큰 그림을 그릴 줄도 알게 됐지. 하도 여러 부서를 전전하다 보니, 어지간해서는 놀라거나 실망하지 않을 담력까지 얻은 건 덤이고. 하하."

지금 떨어진 일만으로도 버겁고 힘든데 다른 일까지 얹어지면 누구라도 짜증이 나기 마련이다. 하지만 "프로는 일한 만큼 받는 거지"라며 당당하게 NO를 외치기 전에 한 번쯤 생각해보자. 회사라는 곳은 내가 단호히 거부의 사를 밝혀도 그 일을 던져주기로 결정했다면 이를 번복하는 경우란 거의 없다. 어차피 할 수밖에 없는 일이라면 굳이 오만상 찌푸리면서 여러 사람의 기분을 상하게 만들 필요는 없다. 조금만 여우처럼 굴면 오히려 회사를 이용해 내 잇속을 챙길 수도 있다. 멀티 플레이어를 요구하는 21세기에 우리들은 일부러 돈을 내고 학원이나 대학원을 다니며 더 많은 자격증과 경험을 쌓고자 애를 쓰지 않는

가. 회사에서 공짜로 다양한 놀이터와 경험 그리고 스펙을 제공해준다고 생각하면 어떨까. 전문성이 요구되는 동시에 다양한 경력을 우대하는 이율배반적인 사회에 이보다 고마운 일이 있을까.

물론 회사라는 거대조직이 내 단물만 빼먹고 내다버릴 것 같다든지, 상사의 악의적인 감정에 따른 보복성 업무 분담인 것 같아 헷갈릴 때도 있다. 내가 어떻게 소화하느냐에 따라 결과도 달라질 수 있음을 알고 있다면, 눈 뜨고 코가 베이는 황당한 시추에이션은 벌어지지 않을 것이다.

인정하자, 남자와 여자는 다르다

직장 생활을 하면서 눈앞에서 벌어진 일인데도 내 눈을 의심했던 몇 번의 상황을 꼽으라면 앞과 뒤가 다른 남자들의 행동을 빠뜨릴 수 없다. 회의 시간에 서로 못 잡아먹어 안달 난 듯 목에 핏대를 세우며 싸웠던 이들이 회의실 문을 열고 나오면서는 언제 그랬냐는 듯 담배를 태우러 함께 옥상에 올라간다. 이뿐이랴, 사람들 모두 있는 곳에서 결제 서류를 던지며 일을 이딴 식으로밖에 못하냐고 고래고래 소리를 질러놓고 어느샌가 옆에 와서 "일 끝나고 맥주나 한잔하러 가시"라고 웃고 있다.

여자들이 보기에는 말도 안 되는 이야기다. 방금까지 너 죽고 나 죽자고 소리를 질렀던 놈이나, 같이 가잔다고 자존심도 없이 쫄래쫄래 따라나서는 놈이나. 회의 중에 여자 둘이 서로 상대방의 업무 실적을 놓고 공격한다고 상상해보자. 과연 회의실을 나선 뒤 이들이 여전히 친구처럼 나란히 앉아 일을 하고, 퇴근 후에 "커피나 한잔하고 갈래요?"라고 정담을 나눌 수 있을까. 그럴 가능성은 거의 제로에 가깝다. 만약 그중 한 명이 남자들처럼 "같이 차나 마셔요"라고 어깨동무를 했다면, 상대편 여자는 나중에 화장실에서 다른 직원들을 붙잡고 "쟤 미친 거 아니냐, 내가 우습게 보이냐"며 거품을 물었을 것이다. 한 발 더 나아가 "그녀의 더러운 손길이 닿은 이 옷을 당장 버려야겠다"며 발을 굴렀을지도 모른다. 이처럼 대부분의 여자들은 업무상 공격을 당하면 인격적인 면까지 공격을 당한 것으로 간주한다. 그리하여 나를 무시하고 공격한 그녀와 다시는 친구처럼 지낼 수 없다고 단정 지어버린다.

또한 여자들은 일을 할 때 좋아하는 사람과 싫어하는 사람을 구분해 접근하는 경향이 있다. 가능하다면 좋아하는 사람과 일하고 싶어 하고, 코드가 맞는 사람과 함께 시간을 보내고 싶어 한다. 하지만 직장 생활이라는 게 어디 엿장수 마음처럼 할 수 있는 곳인가. 그래서 뜻대로 안 되면 함께 일하는 동안 오만 세상 고민을 혼자 짊어진 듯 죽을상을 쓴다. 심지어 나(여자)처럼 행동하지 않는 남자들을 더러운 세상과 타협하는 간도 쓸개도 없는 영혼 없는 존재로 쉽게 치부해버리기도 한다.

그러나 회사는 가족이 아니다. 우리가 초등학교 때 배웠던 지식을 더듬어보자면, 회사는 혈연을 유대로 하는 혈족(血族)집단이 아니라 어떤 특정한 이해, 관심, 욕구에

의거해서 조직화된 이해집단이다. 사회학 용어로 옮기면 게젤샤프트(Gesellschaft), 즉 누구든 자기가 준 것과 동등하다고 생각되는 반대급부나 답례가 없다면, 남을 위하여 어떤 일을 하거나 어떤 것을 주려고 하지 않는 구성원들로 이뤄져 있는 곳이다. 이렇게 냉정하기 짝이 없는 곳이라는 것을 이미 옛날 옛적 어렸을 때부터 배웠음에도 불구하고 수많은 워킹걸들은 왜 회사가 가족처럼 정과 사랑이 넘치는 곳이라고 착각할까.

많은 사회학자들이 이 같은 현상은 남녀의 유년기 시절 놀이문화의 차이가 어른이 되어서도 영향을 미친 것이라고 설명한다. 여자들은 어렸을 때부터 소꿉장난이나 인형놀이를 하면서 관계 설정에 가치를 두며 크지만, 사내들은 축구나 야구 등을 하면서 목표 설정과 경쟁에 노출되는 것을 자연스럽게 학습한다는 것이다. 소꿉놀이라는 것은 모두들 해봐서 알겠지만 각자 엄마, 아빠, 아들, 딸 등 다양한 역할을 맡아 서로 기분 상하는 일 없이 즐겁게 맡은 바 소임을 훌륭히 행하면 끝이다. 인형놀이 역시 비슷하다. 그 어디서도 '누가 더 많은 인형을 쟁취하는지' 혹은 '누가 더 밥을 많이 먹는지'가 인형놀이나 소꿉놀이의 목표라고 말하는 것을 본 적이 없다. "난 어렸을 때 남자아이들과 같이 축구하고 놀았는데?"라고 반문하는 여자도 있을 수 있겠다. 설령 축구를 하며 유년기를 보냈다고 할지라도 나이를 먹어가면서 원만한 관계 설정과 남을 배려하는 모습, 그리고 잡음 없이 마무리해야 하는 것 등에 더 많은 가치를 두어야 한다고 배웠을 것이다.

반대로 남자아이들은 정확한 목표 설정과 이를 위한 이합집산이 자연스럽다. 골을 넣는 것이 바로 축구를 하는 이유다. 그 어떤 남자아이도 "골대가 어디 있는지는 몰라, 그렇지만 우리 다 같이 사이좋게 달리면서 생각해보자"라며 경기를 시작하는 경우는 없다. 그저 골을 많이 넣는 사람이 최고라는 논리가 그들의 머릿속을 지배할 뿐이다. 그렇기 때문에 골을 넣고 경기가 끝난 다음부터는 더 이상 아옹다옹할 이유가 없다. 목표를 이뤘기 때문이다. 회의 시간에 죽을 듯이 싸웠지만 문을 열고 나오는 순간부터 함께 맥주를 마시고 담배를 태울 수 있는 것도 같은 맥락이다.

안타깝게도 아직까지 대부분의 조직은 남자들의 논리로 굴러간다. 남자들의 기준을 무조건 따라갈 필요는 없지만, 그들이 조직을 구성하고 이해하는 생리를 인정할 필요는 있다. 정글 같은 이곳에서 사랑과 우정을 찾는 것은 얼어 죽을 것 같은 북극에서 사막여우를 찾는 것과 비슷하다.

비록 일을 잘하지 못하더라도, 심지어 나의 업무에 방해가 될지언정 나에게 동조해주고 나와 꼭 맞는 사람만 찾는 일은 이제 웬만하면 그만두는 게 좋겠다. 뭐 그렇다고 나의 출세를 위해서 두 눈 질끈 감고 죽어도 코드가 안 맞는 사람과 일을 하라는 것은 아니다. 다만 적어도 '나와 맞는 사람', '나를 이해해주는 사람', '나와 코드가 맞는 사람', '좋은 사람'을 찾는다는 것 자체가 조직이라는 이곳에 그다지 어울리지 않는다는 사실을 인지하라는 얘기다. 굳이 '감정적이라 제대로 일을 믿고 맡길 수 없는 사람'이라는 먹잇감을 남자들에게 던져줄 필요는 없다.

독한 '캔디'보다 눈물 머금은
'이라이저'가 나을 때도 있다

　여자들의 사회생활에 필요한 팁들을 알려주는 책들은 한결같이 직장에서 어떤 일이 있어도 절대, 결코 울지 말라고 조언한다. 정글 같은 이곳에서 어쩌다 눈물이라도 보이는 날에는 "날 잡아먹어도 좋수"라며 백기 들고 투항하는 것과 같다는 설명이다. 상하관계가 명확하고 힘의 논리가 지배하는 직장에서 운다는 것은 곧 내가 졌음을 인정하는 것과 다름없기 때문이다. 오죽하면 남자들은 어렸을 때부터 싸움에서 상대방이 눈물을 보이거나 코피를 흘리면 '이 게임은 끝났다'고 생각하겠는가.

　그러나 안타깝게도 외로워도 슬퍼도 울지 않는 꿋꿋한 '캔디'가 눈물도 찔끔 흘리고 연약한 척하는 '이라이저'를 항상 이겨 먹는 것은 아니다. 과거 잘나가던 여자 선배 한 명이 있었다. 일 처리도 어찌나 깔끔하고 똑 부러지는지 감히 여자라고 깔보거나 대들었다간 뼈도 못 추릴 만큼 강단 있는 선배였다. 동기보다 승진도 빠르고 윗선으로부터도 인정을 받던 그녀였지만, 이상하게도 새로 임명된 사장에게는 그다지 신망을 얻지 못해 마음고생을 했다. 그러던 중 조만간 대대적인 인사이동이 있을 것이라는 소문이 돌았고, 그 내용 중에는 그녀의 실질적인 경질도 포함되어 있었다. 소문을 전해들은 그녀는 몇 날 며칠을 고민하는 눈치더니, 결국 사장과의 일대일 면담을 몰래 신청했다. (회사에 비밀이란 없다. 그녀가 사장실 문을 노크하고 들어갔다는 소문은 실시간으로 사무실에 퍼졌다.) 그리고 그 자리에서 그동안 자신이 회사를 위해 얼마나 열심히 일했으며 대단한 성과를 올렸는지 이야기하다가 '저도 모르게' 눈물을 쏟은 모양이다. 물론 이 지점에서 의견이 분분했다. 그녀의 평소 스타일로 짐작건대 '저도 모르게' 눈물이 흘러나올지라도 허벅지 꼬집어가며 참았을 인물이기 때문이다. 어쨌든 눈물 덕인지, 그녀는 인사에서 더 높은 자리로 발령을 받았다.

한동안 이 사건은 업계에서 '악녀의 눈물'로 회자됐다. 다들 "여자의 눈물에 안 넘어가는 남자는 없구나"라며 수군거렸고, "바늘로 찔러도 피 한 방울 안 나올 것 같던 그녀도 여자였구나"라며 빈정댔다. 여직원들 사이에서의 배신감은 더했다. 정정당당하게 승부하지 못하고 뭔가 약은 수를 썼다는 느낌을 지울 수 없었기 때문이다. 그 사건이 있는 뒤로는 부당한 일을 당했다고 억울함을 호소하면 조언이랍시고 "너도 사장실에 가서 울어"라고 얘기해주는 남자 선배들도 생겼다. 당시 이 같은 얘기를 들으면 '변사또에게 수청을 들라고 종용당하는 춘향이가 이런 심정이었을까' 싶을 정도로 심한 모욕감에 치를 떨었다. 대체 나를 뭐로 보고 눈물을 질질 짜라는 거야?

그런데 눈물이 꼭 나약함의 상징이고, 결코 흘려서는 안 되는 독약 같은 것일까. 그녀는 영리하게도 자신이 원하는 바를 눈물 몇 방울로 쟁취하지 않았는가. 사실 남자들은 평생 세 번만 우는 게 허용된다는 등 이딴 소리를 하면서 눈물만 안 흘린다 뿐이지, 이보다 더 못되고 파렴치한 수를 부려 자기가 원하는 것을 쟁취한다. 눈물을 결코 흘려서는 안 된다는 논리는 혹시 남자들에게 이것이 너무나 대체 불가한 치명적인 여자들만의 무기라 금기시되도록 세팅돼있던 게 아닐까.

하지만 드디어 나도 필살기가 생겼다며 눈물을 여기저기 남발하다간 정말 눈물 쏙 빠지게 험한 꼴 당하고 회사를 쫓겨나게 될지도 모른다. 우선 같은 여자 앞에서는 눈물을 결코 허락해서는 안 된다. 오히려 남자보다 눈물을 더 싫어하는 동물이 여자다. 눈물을 흘리는 나약한 존재가 나와 같은 '동족(同族)'이라는 사실에 대부분의 여자들은 분노를 참지 못한다. 더 나아가 '저런 것들' 때문에 여자들이 남자들과의 경쟁에서 뒤처지는 것이라고 싸잡아

욕하기 일쑤다. 이래저래 억울함을 참지 못해 우는 것이
든, 이 순간을 모면하려고 우는 것이든 여자 상사 앞에서
의 눈물은 "어디서 감히 끼를 부리냐"는 호된 비난만 받
게 될 뿐이다. 나만 하더라도 우는 후배나 동료를 보는 시
선이 곱지는 않다. '누구는 직장 생활 하면서 안 힘들고,
누구는 억울한 일 한 번 안 당했는가', '사탕을 빼앗긴 어
린애도 아니고 그걸 왜 울어서 쉽게 해결하려는가' 하는
생각이 먼저 드는 것은 어쩔 수 없다.

그리고 눈물은 한 번으로 족하다. 남자 앞에서 가녀린
척, 억울한 척, 분한 척 우는 것도 결정적인 순간 바로 딱
한 번에 그쳐야 할 것이다. 계속 재미를 보겠다고 무조건
'고(Go)!'만 질렀다간 그나마 가졌던 것마저 빼앗긴다.

눈물 덕에 좋은 자리에 발령받았던 그 선배는 그 뒤로
무슨 일만 생기면 사장실 문을 노크하고 들어갔다가 사슴
처럼 촉촉해진 눈망울로 나오곤 했다. 결국 그녀는 다음
인사에서 거짓말처럼 한직으로 밀려났다. 사람들은 "아무
리 남자가 여자의 눈물에 약해도 한 번 속지 두 번 속냐"
며 혀를 끌끌 찼다. 여자의 눈물, 한 번은 신이 주신 선물
일 수 있지만 남발하면 약도 없는 독이 되더라.

사사로운 감정을 드러내지 마라

'인생 그렇게 살지 마라'

'접싯물도 아까운 놈'

'말이냐 망아지냐'

한때 나의 메신저를 화려하게 장식한 한 줄 프로필들이다. 이뿐이랴, SNS의 상태메시지도 내 기분과 감정에 따라 수시로 바꿨다. '피곤해', '탈진', '저리 가' 등등. 프로필에 걸맞은 대문 사진을 찾는 것도 여간 품이 드는 일이 아니었다. 그래도 번개 치는 장면, 낙엽이 뒹구는 스산한 길거리, 과도가 섬뜩하게 꽂힌 사과 등 심리상태를 대변할 이미지를 부지런히 업데이트해, 이를 본 주변의 근심 어린 시선을 비타민 삼아 근근이 버텼다.

많은 여성들이 자신의 심리상태나 현재 처해있는 상황을 드러내는 데 익숙하다. 아니 익숙하다 못해 꼭 마쳐야 할 숙제나 일기 정도로 여기는 것 같다. 내가 힘들면 힘든 대로, 행복하면 행복한 대로 현재의 모습을 보여주고, 그에 대한 피드백을 받고 싶어 한다. 여자들의 스트레스 해소법 1순위가 수다 떨기라면, 트위터나 페이스북 등 SNS에 올리는 일상과 감정은 또 다른 색깔의 수다 떨기, 제2의 스트레스 해소법인 셈이다. 그런데 여기서 잠깐, 과연 나의 감정과 상황을 만천하가 보고 느끼도록 공유하는 것이 옳은 일일까.

회사 후배 한 명은 얼마 전 엘리베이터 앞에서 마주친 대표가 뜬금없이 "SNS 프로필 사진이 무슨 의미인가?"라고 물어 화들짝 놀랐던 경험을 털어놓았다. 그녀는 대표와 SNS로 대화를 나눌 만큼 격의 없는 사이가 결코 아니었기 때문에 대표가 자신의 SNS 프로필 사진을 행여 지나가다라도 보았을 것이라고는 꿈에도 상상하지 못했다. 그 순간 온몸의 털이 쭈뼛 서는 공포를 느낀 그녀는 '건드리면 다 죽여버리겠어요'라는 프로필 사진을 당장 지워버렸다. 그리고 SNS의 전체 공개 포스팅을 모두 비공개로 바꿨다. 그동안 별 생각 없이 전체 공개로 해놓았던 포스팅 중에 회사나 상사에 대한 험담은 없었는지 곰곰이 되짚어보느라 꽤나 오랫동안 머리를 쥐어뜯었다.

힘들고 괴로운 일뿐 아니라 행복하고 즐거운 경험을 올리는 것도 문제다. 이런저런 핑계로 어렵게 휴가를 받아 친구들과 동남아에 놀러 간 또 다른 후배는 별다른 생각 없이 인증샷을 찍어 페이스북에 올렸다가 된통 당했다.

사실 그녀는 부장에게 집안에 말 못 할 큰일이 있어 이틀만 쉬고 싶다고 설명했던 것. 하지만 발랄하기 그지없는 모습으로 온갖 V자를 그린 사진 십수 장이 페이스북에 올라오자 이를 발견한 부장은 노발대발했다. 이 같은 사태를 모르고 평온하게 회사로 복귀한 그녀는 "발리로 놀러 가는 게 말 못 할 집안 사정이냐"며 화를 내는 부장 앞에서 입이 열 개라도 할 말이 없었다. "온라인에 둔감한 부장이 설마 젊은 사람들이나 하는 페이스북을 볼 것이라고는 생각도 못 했다"고 한숨을 쉬었지만, 이미 쏟아진 물이었다.

사실, 일촌 신청이나 친구 추가를 원하는 상사는 순진한 축에 속한다. 이들이 적어도 어떤 계정을 가지고 어떤 활동을 하는지 알 수 있는 힌트가 되기 때문이다. 하지만 대부분은 들어왔는지 나갔는지도 모르게 슬쩍 보고 바람과 함께 사라진다. 이 같은 행동이 딱히 부하 직원의 동태를 감시하기 위해서 레이더망을 펼친 것이라고는 보기 어렵다. 그저 심심해서, 혹은 아는 사람을 통해 타고 타고 돌아다니다가 부하 직원의 SNS를 보게 된 경우가 더 많을 것이다. 하지만 그곳에서 발견한 것이 행복한 사진 한 장이든, 불행한 글귀 한 줄이든 상사의 심기를 건드릴 수 있다. 어떤 상사가 '건드리면 다 죽여버리겠어요', '인생 그렇게 살지 마라'라는 글귀에 민감하지 않을 수 있겠는

가. 자신을 향한 무언의 항의 또는 회사에 대한 불만표출 이라고 생각할 확률이 90% 이상이다. 그리고 문제는 그렇 다고 "아, 그러세요? 건드리지 않겠어요"라든지 "네, 앞으 로 똑바로 살겠습니다"라는 상사가 있느냐는 거다. '이 괘 씸한 것을 봤나, 그동안 죽을상을 쓰고 다니더니 이 따위 로 말하고 다녔던 거군'이라고 생각할 가능성이 훨씬 더 높다.

여행이나 맛집 탐방, 음악회 감상 등 행복하기 그지없 는 사진도 마찬가지다. 상사도 직장인인지라 회사 생활이 힘들고 버거울 때가 있다. 일이 괴롭고 안 풀릴 때 부하 직원의 행복에 겨워 웃음꽃이 활짝 핀 사진을 보고 '아, 그나마 얘는 기쁘게 생활한다니 다행이다'라고 넉넉한 마 음씨를 자랑할 상사는 흔치 않다. '시간이 남아도는군. 일 을 더 시켜야겠어'라고 다짐하면 또 모를까.

이러든 저러든 자신을 드러내서 득이 되기보다는 실이 되는 경우가 훨씬 많다. 그리고 세상은 그렇게 만만한 곳 이 아니어서 내가 모르는 적이 있을 수도 있고, 칭찬이나 부러움을 가장한 고자질이 올라갈 수도 있다. 굳이 이러 한 위험 상황에 스스로 노출을 자행할 필요는 없지 않은 가. 참고로 나의 메신저 프로필은 1년 넘게 '마파두부 세 조각'이다. '올드보이 군만두'도 아니고 대체 이게 무슨 소리인지. 다들 심오한 의미가 숨어있는 줄 알고 궁금해하지만 막상 알고 나면 허무해한다. 아는 홍보녀가 점심으로 마파두부 세 조각만 먹으면서 다이어트를 했더니 석 달 사이에 7kg이 빠졌단다. 나도 7kg을 빼겠다는 의지의 표현이다. 신비로워 보이지 않나?

머리 나쁜 상사도 상사다

'머리가 나쁘면 손발이 고생한다'는 말이 있다. 비합리적, 비상식적, 비효율적인 상사를 둔 경우 이 말은 부하 직원의 가슴에 비수가 되어 꽂힌다. 줄 간격, 글씨체 등 사소한 보고서 양식에 목숨을 걸어 정작 중요한 의사 진행을 더디게 한다든지, 조금만 방법을 달리하면 금세 처리할 수 있는 일을 전례 없는 일이라며 거부해 부원들의 퇴근 시계를 두 시간씩 미룬다든지. 이뿐이랴, 바빠 죽겠는데 해법을 제시하기는커녕 하나 마나 한 같은 말을 고장 난 녹음기처럼 되풀이해 성질을 돋운다든지, 실컷 마무리 지어놨더니 나폴레옹에 빙의된 양 '이 일이 아닌가벼'라고 사람 속을 양말 속 뒤집듯 뒤집어 놓는다든지 등등. 멍청한 윗사람 때문에 뒷목 잡는 에피소드라면 천일야화까지는 못 미치더라도 백일야화는 너끈히 꾸릴 수 있는 게 대부분의 직장인이다.

한때 직장인들 사이에서 공감을 얻었던 '부하 직원의

입장에서 봤을 때 도움이 되는 부장'의 순위도 똑똑한 상사가 1, 2위를 차지했다. 똑똑하고 게으른 부장(일명 똑게)이 1위, 똑똑하고 부지런한 부장(똑부)이 2위인데 반해, 멍청하고 게으른 부장(멍게)이 3위, 멍청하고 부지런한 부장(멍부)이 4위로 집계돼, 무능한 상사가 얼마나 아랫사람들을 힘들게 하는지 보여줬다.

하지만 아무리 훌륭하고 멋진 회사여도 모든 임원이나 상사가 '똑게'나 '똑부'로 구성되어 있다는 환상적인 스토리는 들어본 적이 없다. 명실공히 재계 1위 S그룹 직원과 만나도 부장 흉이 빠지지 않고, L그룹, H그룹 직원도 밥 먹는 자리마다 무능한 상사 뒷담화에 열을 올린다. 누가 봐도 답답하고 한심한 상사들을 보면 '저런 인간들은 대체 무슨 빽, 아니면 무슨 대운이 터져서 저 자리까지 올랐을까'라는 의구심에 학창 시절에도 희미했던 학구열이 활활 불타오른다. 그러나 뇌에 보톡스를 맞은 게 아닌지 의심이 갈 정도로 멍청하고 한심한 상사일지라도 무시하다가는 큰코다친다.

단과대 차석 입학, 수석 졸업을 자랑하는 박 기자는 가끔 옆에서 듣기에 민망할 정도로 부장을 다그친다. 박 기자의 태도만 놓고 보면 이게 보고인지 훈계인지 헷갈릴 정도.

"그게 아니거든요, 부장님. 시의성 검토는 이미 애초에

끝냈고, 현안은 방법론에 있어서 이 사안을 플랜A로 진행
할 건지, 플랜B로 진행할 건지를 결정하는 겁니다."

초등학교 입학생을 가르치듯 현재의 진행 사항을 하나
하나 짚어주는 그녀의 말은 옳은 말뿐이다. 그럼에도 불구
하고 그녀를 바라보는 주변의 시선은 불편하기 그지없다.

똑 부러지는 경영지원팀 백 대리 역시 마찬가지다.

"대체 몇 번 말씀드려야 해요. 제가 그날 미팅을 할 수
없다고 이미 여러 차례 말씀드렸는데요. 대신 다음 날 사
업국과 그 사안에 대해 정리하기로 했으니 걱정하지 않으
셔도 돼요."

명확한 스케줄 정리에 차후 방안까지 제시하는 그녀의
보고는 나무랄 데가 없다. 중간중간 답답해 못 참겠다는
긴 한숨과 상사를 무시하는 듯한 태도만 제외하면 말이다.

나 잘난 맛에 사는 박 기자나 백 대리 같은 이들은 생각
보다 주변에 많다. 특히 회사에서 10년 이상 일할 정도로
일 욕심이 많고 사존감도 강한 여자 후배들 중엔 이런 이
들이 적지 않다. 회사가 나 없으면 굴러가지 못할 것이라
고 생각하는 그들이 진짜 일을 잘하는 것은 어느 정도 사
실이다. 다급히 처리할 사안이 생겼을 때 이들에게 맡기
면 적어도 불안하지는 않다고 상사들도 능력을 인정한다.
그럼에도 불구하고 박 기자와 백 대리의 회사 생활은 행
복하지 않다. 오히려 괴로울 때가 더 많다.

'회사 일은 다 내가 하는 것 같은데, 내가 제일 일을 잘하는데, 왜 회사에서는 인정해주지 않고 나만 미워하는 것 같지?'

이들의 태도를 보면 이에 대한 답이 금방 나온다. 상사를 상사로 대우하지 않았기 때문이다. 박 기자와 백 대리는 '저 인간은 단지 입사를 나보다 빨리 해 직책이 높지만 업무 능력이나 생각의 가용 범위가 떨어지기 때문에 무시당해도 싸다'고 멋대로 정의를 내리고 '내 마음의 진단서'에 도장을 쾅쾅 찍는다. 그래서 저도 모르게 답답하다는 듯 한숨을 쉬거나, '이래도 못 알아듣겠니' 식으로 목소리 톤을 한 옥타브씩 높인다. 그러나 이들은 중요한 사실을 간과했다. '멍청한 그'가 '똑똑한 나'의 상사라는 뒤집을 수 없는 사실을.

안타깝게도 상사가 부하 직원을 괴롭힐 수 있는 방법은 백만 스물두 가지 이상이다. 아무리 멍청하고 능력이 없고 게으르다고 할지라도 상사는 상사다. 이 단순명제를 얕봤다가는 그토록 무시했던 멍게와 멍부로부터 답도 없고 끝도 보이지 않는 끈질긴 괴롭힘을 '나가 떨어질 때까지' 당할 수 있다. 무능한 상사가 천만다행으로 자신의 부족함을 뼛속 깊이 인식한다 할지라도, 무례한 부하 직원을 감싸고 돌 정도로 아량이 넓을 리 없다. 심지어 무능하다는 사실을 인정하지 않는 멍게와 멍부는 '똑똑한' 자신을 무시하는 부하 직원이 더욱 괘씸할 터. 결국 이러든 저러든 칼부림은 고스란히 부하 직원이 감당해야 할 몫이다.

더 슬픈 사실은 우리도 어쩌면 언젠가 멍청한 상사로 불릴지 모른다는 것. 결코 그럴 일이 없을 거라 자신하지만, 현재 마주하는 그들도 자신이 '멍게와 멍부로 불리겠노라' 큰 뜻을 세우고 그 길을 걸어왔을 리 만무하다. 입장을 바꿔 생각해보라. 아무리 잘못했다고 한들 사람들다 있는 데서 부하 직원으로부터 큰소리로 지적질을 당했는데 "역시 박 기자와 백 대리는 일 처리가 깔끔하고 야무져!"라고 칭찬할 수 있겠는가.

"부장님. 그 사안은 아시다시피 저번에 잘 마무리 지어졌고요. 플랜A와 플랜B 중에서 결정해야 하는데 어떻게 하는 게 좋을지 여쭤보려고요."

"어쩌죠, 그날 다른 부서와 선약이 있었는데 미룰 수가 없더라고요. 하지만 내일 사업국과 직접 만나서 정리하기로 했으니 일 처리는 걱정 마세요. 문제없도록 진행하겠습니다."

깍듯하게 조언을 구하고 의견을 묻는 후배가 미워 죽겠다고 말하는 선배를 본 적은 없다. 아무리 한심하고 답답할지라도 그들을 윗사람으로 인정하고 훈계가 아닌 대화를 해보라. 그것만으로도 퍽퍽했던 직장 생활에 윤기가돌 것이라고 감히 자신한다.

하루 30분, 정리의 힘

누가 떼인 돈 받으러 쫓아오는 것도 아닌데 직장 여성은 늘 동동거린다. 지금 하는 일이 세상에서 가장 중요한 것처럼, 이 일을 빨리 마무리 짓지 않으면 세상이 두 쪽 날 것처럼 맹렬히 일하는 사람들은 신기하게도 대부분 여성이다. 그들은 한결같이 당장 이 일을 처리하지 않으면 조만간 또 다른 일이 생긴다며, 그러기 전에 빨리 끝내는 게 자신의 소박한 평화를 위해서도 낫다고 설명한다. 과부하가 걸리면 일의 완성도 자체가 떨어질 뿐 아니라 누적되면 쉽게 끝날 일도 한없이 늘어지기 때문에 차라리 후딱 마무리 짓는 게 편하다고도 말한다. 심지어 애까지 딸린 워킹맘이면 그 정도가 더 심하다. 일하는 도중 어떤 일이 언제 어떻게 발생할지 모르기 때문에 그럴 때를 항상 염두에 두고 마무리 지을 수 있는 일은 재빨리 끝내 놓는 게 몸에 배어있다. 행여 만일의 사태가 벌어졌을 때 다른 부원들에게 돌아갈 피해를 최소화하고 "애 엄마라 저

따위야"라는 뒷담화까지 듣고 싶지 않다는 본능적인 방어 기제가 작용하기 때문일 게다.

그러고 보면 워킹맘의 회사 생활은 알록달록 오색 천막 아래서 공연을 하는 어릿광대와 닮았다. 사무실 안에서 직장, 가정, 자아라는 빨간 공, 파란 공, 노란 공을 떨어뜨리지 않으려고 안간힘을 쓰며 저글링을 하는 모습과 흡사하기 때문. 저글링을 할 때는 조금이라도 딴짓을 하거나 혹은 하나의 공에만 집중을 하면 금세 균형이 깨지면서 나머지 공을 모두 떨어뜨리게 된다. 직장, 가정, 자아 중 어느 것 하나 소홀히 할 수도, 해서도 안 되는 그녀들은 긴장의 연속에 몸을 맡기고 촉을 있는 대로 세우며 공을 굴린다. 물론 그중에는 능력이 출중해서 이 모든 것들의 균형을 적절히 맞춰가며 여유롭게 공을 굴리는 이들도 분명 있을 게다. 그러나 대부분은 행여 공 하나 떨어뜨릴까 노심초사하며, 아크로바틱 못지않은 요상한 자세를 취할지라도 공을 놓치지 않고자 근근이 노력한다. 그러다 보니 누군가 예상치도 못한 다른 공을 얹어주려고 하거나, 스쳐 지나가다 자칫 잘못 건드리기라도 할라치면, 짜증이 있는 대로 솟구치게 된다.

직장 여성들이 맹렬히 일을 해치우는 데는 이러한 저글링 정신이 기저에 깔려있기 때문이 아닐까. '공을 떨어뜨리면 너(가족이나 육아)도 나(직장이나 자아)도 다 죽는다'

는 독립투사 저리 가라 할 정신력으로 매사 덤비다 보니 모든 일이 심각해진다. 그러다 무엇 하나 뜻대로 안 되거나 계획과 어긋나면 화를 다스리지 못해 결국 제풀에 뻗어버리곤 한다.

그런데 17년 동안 공을 굴려보니 이 공 하나 떨어뜨린다고 세상이 끝나는 건 아니더라. 공이 떨어지면 땅에서 주워 툭툭 먼지를 털고 다시 굴리면 된다. 시간이 조금 지체되고, 어쩌면 약간의 야유가 쏟아질지도 모르지만 그런다고 세상이 무너지는 건 아니다.

그리고 내가 하다가 지치면 다른 사람에게 잠깐 맡길 수도 있고, 그게 안 되면 무대를 잠시 접더라도 이게 왜 힘들어졌는지 원인을 찾아야 한다. 밥도 안 먹고 잠도 안 자면서 공을 굴리느라 체력이 떨어져서 그런 건지, 아님 공이 내 손의 크기와 안 맞아 쉽게 피로해진 건지 등 원인을 알아내야 한다. 그래야 다시 공을 쥘 기운이 나고 저글링을 이어갈 힘이 생긴다. 그런데 많은 이들은 공이 손에 쥐어진 이상 오로지 굴리는 데만 정신을 집중한다. 그러다 보니 쉬이 지치고 결국 '나는 누구인가, 나는 여기서 왜 이 공을 굴리고 있는가' 식의 답도 없는 회의감과 피해의식, 자괴감에 빠지게 된다.

공을 더 오래 잘 굴리기 위해서는 하루에 30분, 적어도 15분은 나를 위해 정리할 시간을 가져야 한다. 빠듯한 업무를 진행하는 중에 금쪽같은 30분, 15분이 웬 말이냐, 그 시간에 보고서 몇 장은 더 쓰겠다고 생각할 수도 있다. 무언가를 정리하느라 시간을 허비하면 퇴근 시간이 그만큼 늦춰져 가족들 볼 시간이 늦어지니 비효율적으로 느껴질 수도 있다. 그러나 그저 눈앞에 닥친 일들을 정리하지 않고 해치우기에만 급급하다 보면 결국에 나가떨어지는 건 본인이다. 그리고 그 시간을 되돌리기 위해서는 그 이상 몇 배의 시간을 들여야 함을 이제까지 수차례의 경험을 통해 알고 있다.

15분이라도 시간을 내어 켜켜이 쌓여있는 일들을 정리하면 '내가 해야 할 일', '남을 시켜야 할 일', '우리 모두 함께 할 일'이 구분돼 오히려 일의 능률이 오른다. 재수가 좋으면 이 덕분에 퇴근 시간도 앞당길 수 있다. 남들은 놀고 있는데 나만 모든 것을 이고 지고 헉헉댄다고 생각하지 않으니 피해의식도 줄어든다. 자연스레 짜증도 줄어들어 웃는 낯으로 대하니 주변에서도 행복해한다.

한숨 돌리고 주변을 둘러보자. 내가 폭주기관차처럼 일에 매진하고 있을 때 몇몇은 회사에서 일하라고 준 컴퓨터로 태연하게 온라인 고스톱을 치고, 만화를 보면서 시시덕대는가 하면, 담배를 피우러 수차례 자리를 비운다. 심지어 전날 클라이언트와의 회식 자리 때문에 숙취가 남아있다며 당당하게 사우나를 갔다 오기도 한다. 행여 피

치 못할 일이 생겨 내가 해야 할 일을 그들에게 조금 더
지어준다고 한들 그다지 미안해하지 않아도 된다는 거다.
그들도 양심이란 게 있다면 말이지.

주변을 둘러보라,
세상은 넓고 스승은 많다

취재차 온갖 사람들을 만나다 보면 '아, 그래서 이 사람이 최고구나'라고 무릎을 칠 때가 있다. 흔히 말하는 셀러브리티들에겐 남들이 갖지 못한 '특별한' 무기가 있는 법이다. 비상한 머리를 자랑하는 경우가 있는가 하면, 독하게 노력하는 사람도 있고, 남을 배려하고 아끼는 마음이 남달라 모든 이의 칭송을 받는 경우도 있다. 특히 이제까지 내가 경험하지 못했거나, 미처 생각지 못했던 부분을 콕 집어주는 이를 만나게 되면 저도 모르게 나태했던 스스로를 돌아보게 된다.

지금은 고인이 된 디자이너 앙드레김은 만날 때마다 감탄사를 자아내게 했던 분이다. 대중은 앙드레김을 그저 특이한 디자이너 정도로 기억하는 것 같아 굉장히 안타깝지만, 내가 아는 그는 수백 명의 취재원 가운데 단언컨대 가장 치밀한 분이다. 앙드레김은 1년 만에 만나든 3년 만에 만나든 정확하게 지난 미팅을 기억하고 화제를 이어갔다. 업무에 관련된 것뿐 아니라 개인사, 심지어 우리 가족의 이름과 나이, 생일까지 기억할 정도다. 내가 아는 앙드레김은 한 명이지만 그가 상대하는 기자는 수십 명일 텐데 어찌 이렇게 세세한 것을 다 기억하는지 놀라워, 한번은 비서에게 살짝 물어본 적이 있다. 비서 왈, 그는 인터뷰나 미팅을 하고 나면 내용을 일일이 다 기록하고, 차로 이동하거나 휴식을 취할 때 틈틈이 꺼내 외울 정도로 노력을 아끼지 않는단다. 이 같은 치밀함이 그와의 인터뷰를 언제나 유쾌하고 풍성하게 만들어주었음은 물론이다. 그는 지인들의 경조사도 꼭 챙겼는데, 어찌 알았는지 나의 둘째 딸아이 돌잔치에 등장해 손님들을 깜짝 놀라게 한 적도 있다.

순백의 슈트 차림에, 입버릇처럼 우아함을 강조했던 앙드레김은 실제 생활도 격조가 있었다. 한번은 인터뷰 중 촬영 중 테이블 위에 앉아 포즈를 취해달라는 요구에 "어떤 경우에도 의자가 아닌 테이블에 걸터앉는 몰상식한 행동은 하지 않는다"고 단호히 거부해 사진기자를 머쓱하게 만들기도 했다.

판타스틱하고 엘레강스함을 추구하는 철학은 국내외를 따지지 않았다. 앙드레김 패션쇼 취재차 해외 출장을 가는 기자들은 언제 어느 곳에서나 깔끔한 정장 차림을 유지해야만 했다. 이동에 편하고자 행여 트레이닝복에 운동화라도 신었다가는 따가운 눈총에 뒤통수가 뜨거웠다. 아무리 기동력이 중요한 기자일지라도 패션쇼를 관람하는 관객일 뿐 아니라 해외에서는 우리나라를 대표하는 1인이라는 마음가짐으로 임해야 한다는 게 앙드레김 철학이었다. 상하이 패션쇼 첫 출장에서 멋모르고 눈곱도 떼지 않은 부스스한 옷차림으로 조식 자리에 갔다가 성장(盛粧)을 한 선배들의 차림에 놀라 방으로 도망치듯 올라왔던 기억이 아직도 생생하다.

연예부에 10년 넘게 몸담고 있었다 보니 남들은 일생에 한 번 보기 힘들다는 톱스타들과 수시로 만나 인터뷰를 하고 수다를 떨었다. 멀리서 보기에 그들은 이슬만 먹고 잠도 안 잘 것 같은 '별'이지만, 그들 역시 밥 먹고 화장실 가는 인간인지라 어떤 이는 상상 속 이미지와 너무나 달라 큰 실망을 안겨주기도 하고, 어떤 이는 반대로 큰 감동을 선사하기도 했다.

나의 첫 스타 인터뷰이였던 하지원은 후자다. 뭐든 열심히 최선을 다하는 그녀와 인터뷰를 할 때면 나도 모르게 "독한 것"이란 말이 튀어나오곤 했다. 호평에 인색한 연예계에서도 하지원에 대한 평가는 칭찬 일색이다. '몸을 사리지 않는 연기', '한 번도 투정하는 것을 본 적이 없는 배우', '항상 웃는 낯의 연기자' 등 일관된 칭찬이 무섭기까지 할 정도다. 2002년 첫 인터뷰 당시 하지원은 공포

영화 〈가위〉, 〈폰〉에 이어 코미디영화 〈색즉시공〉으로 한창 주가를 올리고 있던 중이었다. 끊임없이 이어지는 스케줄에 짜증 한 번 낼 법도 한데 끝까지 웃는 낯으로 인터뷰를 마친 그녀는 스스로도 자신의 무기를 '웃음'으로 꼽았다. "어느 때나 잘 웃어요. 단순한 사람이라 좋고 싫은 게 분명한데 싫은 건 못하죠. 다행인 것은 싫은 게 많지 않고, 마음에 담아두지 않는 편이에요. 세상을 긍정적으로 볼 줄 아는 거죠"라는 말에는 매사 긍정적인 그녀의 인생철학이 담겨있다.

최고의 여배우 자리에 오른 하지원의 연기 인생은 되짚어 보면 '훈련'의 연속이다. 그녀가 이제까지 우리에게 선보였던 연기는 거의 '달인' 수준에 가깝다. 영화 〈색즉시공〉에선 선수 못지않은 에어로빅 실력을 선보였고, 드라마 〈다모〉에선 검을 잡고 현란한 와이어 액션을 자랑했다. 드라마 〈황진이〉에선 최고의 기녀 황진이로 변신해 하루 5시간씩 가야금, 거문고, 춤 연습에 매진했다. 당시 하지원을 가르쳤던 한국전통문화연구원 원장 무형문화제 인남순 선생은 "한번은 어떤 동작이 잘 안 되기에 100번을 더 해보라고 요구했다. 설마 하겠느냐고 생각했는데 웬걸, 정말 100번을 해내더라. 이 친구가 연기를 안 했으면 제자를 삼고 싶은 생각이 들 정도였다"고 한 인터뷰에서 회상했다. 아름다운 기생을 연기했던 하지원은 바로 다음 영화 〈1번가의 기적〉에서 복서 명란 역을 맡아 3개월 동안 하루 8시간씩 훈련에 임했다. 또 드라마 〈시크릿 가든〉에서는 스턴트우먼으로 변신해, 근육량만 3kg을 늘리기도 했고, 영화 〈코리아〉에선 탁구 스타 현정화 역을 맡아 촬영 전 하루 서너 시간씩 체육관에서 탁구 연습을 했다.

그 정도 자리에 올랐으면 여느 배우들처럼 비싼 옷으로 치장하고 예쁘게 화장하고 웃는 낯으로 CF만 찍고 살아도 아무런 문제가 없을 듯한데, 그녀는 여전히 새로운 연기에 목말라 하며 도전을 멈추지 않는다. "저는 일을 해야 안 아파요. 그냥 타고난 천성이 그런가 봐요"라며 깔깔 웃는 그녀 옆에 있으면 건강한 기운이 절로 전해져 나도 덩달아 튼튼해지는 기분이다.

말 많고 탈 많은 연예계에서도 특히 개그계는 그 어디보다 부침(浮沈)이 많은 곳이다. 요즘 '동엽신'으로 한창 주가를 올리고 있는 신동엽은 그 가운데에서도 유독 돋보이는 존재다. 그가 진행하는 E채널 〈용감한 기자들〉에 패션뷰티 전문기자로 출연한 덕분에 종종 만날 기회가 생기는데, 그를 볼 때마다 '저런 재능은 신이 주신 선물인가 보다'라는 생각까지 든다. 적재적소에 치고 빠지는 순발력과 모자라지도 넘치지도 않는 절묘하게 적당한 수위의 리액션은 그 어떤 MC와 비교 불가일 정도로 탁월하다.

그와 마주할 때마다 놀라는 것은 이뿐이 아니다. 사실 신동엽의 인생 역정을 살펴보면 그만큼 흥행수표와 부도수표를 오간 사람도 드물다. 1991년에 데뷔해 '안녕하시렵니까'로 일약 스타덤에 올랐지만, 활동 중간에 불미스러운 사건과 개인사업 실패 등으로 한동안 슬럼프를 겪어야 했다. 2000년대 중반 리얼 버라이어티 프로그램이 대세로 자리 잡자, 몸보다 말로 승부하는 신동엽의 시대는 끝났다는 얘기까지 들어야 했다. 그러나 리얼 버라이어티의 홍수 속에 피로감을 느낀 시청자들에게 신동엽은 자신만의 세계가 확실한 유머 코드와 다양한 프로그램을 선보이며, 현재 그 누구보다 화려한 제2의 전성기를 누리고 있다.

이 같은 성공의 바탕에는 자신을 내려놓는 겸허함과 투철한 프로정신 그리고 타인을 향한 따스한 배려심이 깔려 있다. 신동엽은 다시는 꺼내고 싶지 않을 법한 자신의 사건 사고들을 아무렇지도 않게 웃음의 소재로 사용한다. 한번은 방송에서 한 사회부 기자가 감방에 얽힌 사건을 이야기하자, 신동엽이 이를 놓치지 않고 "제가 (있어 봐서) 아는데 거기 많이 힘들어요"라고 말해 스튜디오를 웃음바다로 만들었다. 또 옛 여자 친구와의 에피소드도 주저 없이 소재로 활용한다. 웬만한 내공이 아니고서는 감히 할 수 없는 일. 자신의 일을 진심으로 사랑하고 자신감이 충만한 사람이어야 가능한 행동들이다. 이 같은 언행

들이 자칫 잘못하면 가식적이거나 부담스럽게 느껴질 수도 있는데, 전혀 그렇지 않은 것은 신동엽이 재미를 위한답시고 남을 비하하거나 도를 넘는 무례함을 보이지 않기 때문이다.

손정완 디자이너도 만날 때마다 깊은 울림을 주는 분이다. 수입 브랜드 공세에 밀려 국내 디자이너 부티크들이 백화점에서 하나둘 자취를 감추는 요즘도 38개의 백화점 매장을 운영하며 최고의 자리를 놓치지 않고 있다. 거기에 만족하지 않고 그녀는 나이 오십이 넘어 뉴욕 패션위크에 도전장을 내밀었다. 현지에서 매번 뜨거운 반응을 얻은 손정완 디자이너는 조만간 미국 유명 백화점인 블루밍데일스나 삭스피프스애비뉴 등에 매장을 열 예정이란다. 시크한 뉴요커들이 대한민국 손정완 디자이너 옷을 입고 센트럴파크를 거니는 모습을 보게 될 날이 멀지 않은 셈이다.

세계적으로도 최고를 인정받은 만큼 냉철하고 콧대가 높을 것 같은데 손정완 디자이너는 언제 만나도 옆집 이모처럼 유쾌하고 따스하다. 딱히 인터뷰 때문이 아니라 회사 일이나 아이 문제로 고민스러울 때면 종종 그녀의 쇼룸에 들러 조언을 구하는데, 별것 아닌 문제도 그녀는 항상 진지하게 들어준다. 그리고 어찌나 명쾌하게 상황을 정리하는지, 그녀의 대답을 듣다 보면 '사건에 대한 정확한 통찰력과 타인에 대한 깊은 배려, 그리고 뜨거운 열정이 세계인을 감동시켰구나' 하는 생각이 절로 든다.

　메이크업 아티스트 정샘물은 10년이 넘도록 한결같이 따스한 마음씨로 곁에 있는 이들까지 행복하게 만드는 인물이다. 험하기로 따지자면 둘도 없을 연예계에서 까다롭기 그지없는 톱스타들을 상대하니 무척 억세고 차가울 것이라 생각하기 쉽지만, 그녀는 이름처럼 언제나 맑고 청량하다. 세상만사 매일 행복할 수는 없을진데 신기하게도 그녀는 언제 어디서나 항상 감사하고 행복하고 즐겁다. 사실 그녀를 처음 만났을 때 이 같은 행동을 보고 취재원으로서 기자에게 보여주는 의례적인 애티튜드라 생각했다. 그러나 10년을 만나도 한결같은 그녀를 보면서 이 같은 마음가짐과 행동이 진심에서 우러난다는 것을 알게 됐다. 하지만 일과 관련해서는 냉철하기 그지없어서, 한창 잘나가던 30대 중반에 난데없이 남편에게 일을 맡기고 미국으로 홀연히 떠나 사람들을 놀라게 했다. 메이크업의 기본이 되는 미술 공부를 심도있게 하기 위해 미국 유학을 떠났던 그녀를 보면서 주변에겐 한없이 따뜻해도 일과 관련해서는 차가운 판단이 그녀를 최고의 자리에 있게 하는구나 깨달았다.

　이 밖에 '조각 미남'이라는 수식어만큼이나 언행도 깍듯하고 젠틀한 장동건, 가식 없는 행동과 진실된 마음으로 마주하는 이들을 편안하게 만들어주는 지성, 연기에 대한 열정으로 똘똘 뭉친 장혁 등 수많은 이들이 퍽퍽하고 메마른 회사 생활을 하는 나에게 촉촉한 감동과 따스한 가르침을 주었다.

공자는 세 사람이 길을 가면 그중 반드시 나의 스승이 한 명은 있다고 했다. 꼭 스타가 아닐지라도, 만나는 사람들의 장점을 내 것으로 취하고 모자란 것은 버릴 줄 아는 선구안을 갖게 된다면 힘들고 건조한 회사 생활이 나의 긴 인생사에서 나쁘고 밑지기만 하는 일은 아니지 않을까. 오히려 수많은 스승들을 갖게 되는 절호의 찬스가 될 것이다. 세상은 넓고 만날 사람은 많고 더불어 스승도 넘친다.

2.

한 땀 한 땀,
관계는

장인정신으로
엮을 것

기억하는 자가 살아남는다

　나는 기자 생활을 꾸려나가는 데 치명적인 약점이 있다. '안면인식장애'에 가까울 정도로 사람 얼굴과 직함, 직위 등을 잘 기억하지 못하는 것. 상대방은 반갑게 인사를 하는데 정작 나는 그가 누구인지, 뭐 하는 사람인지, 언제 어떻게 만났는지 도통 기억이 나지 않아 난감할 때가 있다. 당시에는 대충 얼버무리며 맞장구를 치지만 상대방에 대한 미안함과 행여 그가 이 사실을 눈치챘을까 하는 불안함에 시간이 빨리 지나가기만을 기다린다.

　반면, 한 번만 만나도 기가 막히게 잘 기억하는 사람들이 있다. 명함에 파인 단순한 정보뿐 아니라 지난 만남에서의 분위기라든지 가족 사항, 거주지 등 소소한 것까지 줄줄이 기억해내는 사람들을 보면 부러울 때가 한두 번이 아니다. '아, 나도 저런 재능의 반만 갖고 태어났어도 얼마나 사회생활이 수월했을까'하고 말이다. 시인 김춘수는 「꽃」에서 미물인 꽃조차도 이름을 불러준 후에야 비로소 존재 가치를 지니게 된다고 했다. 그런데 나는 사람의 이름조차 기억하지 못하다니 이미 반은 굽히고 시작하는 게 임일 때가 많다.

영화 〈악마는 프라다를 입는다〉를 보면, 말단 비서 앤 해서웨이가 자선파티에 참석하는 편집장 메릴 스트립 옆에 딱 달라붙어 상대방 신상에 대한 정보를 티 나지 않게 속삭여주는 장면이 있다. 편집장이 인사를 건넬 때 행여 실수하지 않게 하기 위해서다. 사회생활을 하는 데 사람을 기억하는 일이 얼마나 중요하면 할리우드 영화에도 그런 장면이 있겠는가 싶어 혼자 무릎을 친 적이 있다. 하지만 우리는 메릴 스트립처럼 매번 똑똑한 수행비서를 대동하고 다닐 수 없으니 대안을 찾는 수밖에 없다. 다행스럽게도 현대 사회엔 수행비서 못지않은 첨단 기기가 차고 넘치지 않는가.

나는 몇 차례 무안을 당한 뒤, 명함을 주고받은 사람의 전화번호를 저장할 때 특징도 함께 적는 습관이 생겼다. 내 이름으로 예를 들자면 '유아정키커수다딸둘' 이런 식이다. 여기에 회사명과 직함까지 적다 보면 이름란이 모자를 정도지만 별 수 없다. 이쯤은 해놔야 불시에 전화가 왔을 때도 당황하지 않을 수 있다. 또 다음 미팅 때에도 미리 이름을 검색해 특징을 기억하고 바로 대화를 이어갈 수 있다. 마음 같아서는 사진을 찍어 전화번호와 함께 저장하고 싶지만 상대방이 당황스러워할까 봐 아쉽게도 아직 시도해보지 못했다.

나와 비슷한 '불치병'을 앓는 홍보녀는 SNS를 적극 활용한다. 관계자와는 무조건 페이스북 친구를 맺는다. 웬만해선 상대방이 친구 신청을 거절하지 않는 데다, 한번 친구가 되면 인맥을 타고 관련 업계 사람들 대부분과 친구가 될 수 있다는 장점이 있다. 또 사진이나 관심 분야가 게시돼 있으니 얼굴 사진을 찍을까 말까 고민할 필요가 없고, 그들의 관심사도 쉽게 파악할 수 있다. 물론 너도나도 날아드는 친구 신청 때문에 피로감을 느끼는 경우도 많지만, 회사 생활 인맥관리 시스템으로 이만한 게 없다고 극찬이다.

나이가 지긋한 선배 한 분은 아직도 명함 귀퉁이를 활용하는 고전적인 방법을 이용한다. 명함에 만난 날짜와 첫 만남 느낌 등을 간단히 메모하는 것. 명함에 낙서를 하는 것이 무례하게 보일 수도 있지만, 그보다는 상대방을 기억하지 못하는 결례와 그 때문에 발생하는 손해가 훨씬 더 크다는 설명이다. 한 단계 더 나아가 그렇게 메모한 명함을 자신만의 중요도 순으로 분류해놓고 관계의 효율성을 극대화한다. 이 밖에도 내 주변에는 기억의 끄트머리를 집어내고자 갖가지 노하우를 개발하는 이들이 많다. 불치병이라고 나 몰라라 하기에는 발생하는 손실이 너무나 크다는 것을 수차례 경험을 통해 뼈아프게 실감했기 때문이다.

알랭 드 보통은 저서 『불안』에서 우리의 에고나 자아상은 바람이 새는 풍선과 같아 늘 외부의 '사랑'이라는 헬륨을 집어넣어야 한다고 설명했다. 반면에 '무시'라는 아주 작은 바늘에는 취약하기 짝이 없다고 말했다. 동료 한 사람이 인사를 건성으로 받기만 해도, 연락을 했는데 회신이 없어도, 우리의 기분은 순식간에 시커멓게 멍들어버린다. 그러다 누가 우리 이름을 기억해주고 과일 바구니라도 보내주면 갑자기 인생이란 살 가치가 있는 것이라고 환희에 젖는 경험을 누구나 한 번쯤은 해봤을 터다. 누군가를 기억해준다는 것, 사회생활의 '꽃'이 되는 지름길이다.

세 치 혀로 상대의 마음을 여는 대화의 기술

"어떻게 하면 입 주변 근육이 이렇게 뭉쳐요?"

언젠가 마사지를 해주는 아주머니의 말씀에 빵 터졌던 기억이 있다. 그녀는 내가 대체 무슨 직업을 갖고 있는지 궁금해했다. 수백 명의 사람을 상대했지만 이렇게 입 주변 근육이 뭉친 사람은 처음 본단다. 그토록 '남다른' 근육을 혹사시킨 결과, 지위고하 남녀노소 나이불문 어떤 사람을 만날지라도 떨지 않고 꽤나 유쾌하게 대화를 이끌어갈 수 있는 정도의 내공은 갖게 됐다. 이 같은 대화의 기술은 심지어 바다 건너 외국에서도 빛을 발했다. 남편보다 영어를 다섯 배쯤은 못하는데, 정작 외국인과의 수다는 내가 열 배쯤 더 잘 떤다. 남편조차도 "말하는 것 자체를 즐기니 외국에서도 통하는구나"라며 놀라워했다.

무려 기원전 328년에 아리스토텔레스는 말씀하셨다. 인간은 사회적 동물이라고. 원하든 원치 않든 다른 사람과 관계를 맺어가면서 살 수밖에 없는 게 인간이라는 얘기다. 이처럼 타인과 관계를 맺기 위해서는 대화가 필수다. 아무리 특출한 외모와 강렬한 눈빛을 가진들 제대로 대화를 나눌 수 없다면 아무 소용이 없다. 물방울로 생을 마감한 인어공주의 가장 큰 패착은 자신의 미모를 과신해 목소리와 다리를 맞바꾼 점이다. 아무리 왕자를 거센 파도에서 목숨 걸고 구하고 사랑의 눈빛을 마구 쏘아대면 뭐하나, "내가 바로 그 사람"이라고 말을 할 수 없는데.

그러나 말을 할 줄 아는 것과 '잘'하는 것은 또 다른 문제다. 누구나 세 치 혀를 가졌지만 모두 다 대화를 잘하는 것은 아니다. 어떤 이와는 그 시간이 어찌 지나는지 모를 정도로 즐겁게 얘기를 나누지만, 또 다른 이와는 그 시간이 혀를 깨물고 싶을 만큼 괴로운 경우도 있다. 회사에서는 물론 여타 인간관계에서도 대화를 잘 나눠서 손해를 볼 일은 거의 없다. 하지만 아직도 많은 이들은 처음 만나는 이와 어찌 대화를 해야 할지 몰라 걱정이다.

기자를 비롯해 시쳇말로 '말로 먹고 사는' 방송사와 기업 홍보실 사람들을 만나는 게 일이다 보니, 대화를 잘하는 사람들에게서 공통점을 발견할 수 있었다. 우선 그들은 하나같이 탐색에 능하다. 즉, 상대방이 흥미를 느낄 만한 주제를 재빨리 알아채고 이에 대해 이야기를 풀어간다. 아무리 대화의 주제가 고품격이고 시의적절하면 뭐하나, 상대방이 전혀 관심이 없거나 혹은 금기시하는 것이라면 아무 소용이 없다. 애초에 논쟁을 벌이기 위해 만난 자리가 아니라면 상대가 관심을 갖고 재미있어 할 주제로 대화의 물꼬를 트는 것이 가장 좋다. 또는 비슷한 경험이 있으면 그와 관련된 사건으로 공감을 이끌어내는 것도 방법이다. 서로의 부족한 부분을 나누면서 감정적으로 훨씬 가까워질 수 있기 때문이다. 이러다 보면 호감도는 물론 궁금증까지 커져 다음 만남을 기약하는 사이로 발전하게 된다. 이때 주의할 점은 상대가 어려운 이야기를 할 때 해결해주려고 나서지는 말라는 거다. 그저 상대의 이야기에 공감하고 그에 대해 느낀 점을 함께 나누는 것으로 충분하다. 어설프게 나섰다가는 잘난 척하는 사람, 혹은 지적질이나 하는 인간으로 낙인 찍힐 수 있다.

아무리 탐색을 거듭해도 상대의 취향이나 나와의 공통점을 알아내기 힘들다면 평소 하지 않던 이야기를 꺼내 분위기를 전환시키는 것도 방법이다. 특색 있는 경험을 이야기해도 좋고, 자신의 치부를 먼저 드러내도 좋다. 행여 '상대방이 이상하다고 생각하면 어쩌지'라는 걱정은 접어라. 내가 진실되게 속을 꺼내 먼저 이야기를 하기 시작하면 상대도 마음을 열기 마련이다. 다만, 첫 대면에 너무 있는 속 없는 속 탈탈 털어내는 것은 자제해야 한다. 아직 경계 태세를 늦추지 않은 상대방 입장에선 나의 과도한 정직함이 부담스럽게 다가올 수 있다.

그리고 모든 대화에는 유머가 깃들어야 한다. 타고난 개그 본능의 소유자이면 다행이지만 그렇지 않은 이상 참으로 쉽지 않은 부분이다. 그럼에도 불구하고 유머가 깃든 대화와 아닌 대화는 하늘과 땅 차이다. 뭐든 재미가 있어야 기억에 남는 법이다.

엄숙하기 그지없는 한 임원의 퇴임식에서 벌어진 일이다. 잔잔한 음악과 함께 그의 업적에 대한 내레이션이 흘러나오고, 후배들은 뒤에서 간간이 훌쩍이거나 눈시울을 붉히고 있었다. 그러던 중 임원의 한마디가 사람들을 번쩍 깨웠다. "앞서 퇴임한 OOO는 박사 과정을 듣는다고 합니다. 저는 이번에 하바드대(하버드대)에 갑니다"라고 한 것. 난데없는 임원의 하버드대 입학 소식에 사람들이 웅성거렸다. 그는 바로 말을 이었다.

"바로 하루 종일 바쁘게 집 안을 드나드는 대학입니다."

유쾌한 노신사의 말 한마디에 엄숙하던 퇴임식장은 웃음바다가 되었다. 덕분에 평범하고 지루할 뻔한 퇴임식은 유쾌하고 즐거운 자리로 180도 바뀌었다.

마지막으로, 진실된 리액션은 대화를 이끌어가는 기본 중의 기본이다. 내가 할 말이 별로 없어도, 혹은 공감되지 않는 주제에 대해 이야기를 나누는 중이라도 그 대화를 성공적으로 마무리할 수 있는 가장 쉽고 확실한 방법은 리액션이다. 심지어 약간 과도하다 싶은 리액션이 무반응보다는 백만 배 낫다. 사람들은 당신이 얼마나 많은 정보를 제공하든 별로 개의치 않는다. 그들에게 중요한 것은 상대가 얼마나 마음을 쓰고 있느냐다. 리액션은 내가 상대의 이야기를 얼마나 집중해서 듣고 공감하는지를 보여주는 가장 확실한 증거다. 대화의 기술에서 항상 언급되는 '1-2-3의 법칙'이 있다. 내 이야기를 1만큼 하면 2만큼 들어주고 3만큼 맞장구를 치라는 얘기다. 그만큼 리액션은 중요하다. 행여 영혼이 '아주 많이' 깃들지 않았을지라도.

누구나 처음 마주하는 사람과 대화를 시작하는 것은 어렵다. 입 근육이 뭉치도록 수다 떨기를 즐기는 나조차도 기자 초년병 시절에는 누가 말 걸어 주기 전에 결코 먼저 말을 꺼내지 않았다. 보기와 달리 낯을 가리고 수줍음도 많이 타는 성격이었기 때문이다. 그러나 지금은 아무도 그 사실을 믿지 않는다. 대화의 칼날도 자꾸 갈다 보면 점점 더 날카로워지고 쓸 만해진다. 심지어 외국에서도 통하게 되는 날이 도래한다.

인맥을 필터링하는 작업을 거쳐라

사람 만나는 게 직업인 기자이다 보니, 내 휴대폰에 저장되어 있는 전화번호는 2,000여 개를 훌쩍 넘는다. 이 중에는 현재 통용되지 않는 017, 019로 시작하는 지인의 옛날 번호도 간혹 남아있고, 주말에 소파에 누워서 편하게 시켜먹을 동네 치킨집 전화번호도 있다. 또 아이가 학교에 입학하면서 친분을 맺게 된 동네 엄마들의 연락처도 있고, 애들 학원 선생님의 전화번호도 있다. 결국 이래저래 업무와 관계된 사람들의 번호만 따지면 1,500개가 조금 넘을 것 같다. 하지만 1,500여 명이 모두 나의 지인이자 인맥이라 말할 수 있느냐 하면, 이것은 또 다른 이야기다.

회사에 다니는 직장인이라면 상사, 동료, 부하 직원, 업무 관계자들과 맺는 인간관계가 중요한 덕목 중 하나다. 나도 후배들에게 될 수 있으면 많은 사람을 만나 인맥을 넓히라고 한다. 30대까지만 하더라도 '얼마나 많은 사람을 아느냐'가 직접적으로 업무에 영향을 끼칠 뿐 아니라

남들이 나의 능력을 평가하는 중요한 잣대가 되기도 한
다. 사람을 많이 알고 있다는 것은 업무 해결에 있어 훨씬
더 효율적인 접근을 가능케 하는 경우가 많기 때문이다.
얼굴을 비롯해 상대방의 신상 명세를 상세하게 기억할
수 있다면 더할 나위 없이 좋겠지만, 설령 다 기억하지 못
한다고 할지라도 아는 사람이 많다는 것은 여러모로 유
리하다.

그러나 마흔이 되고 보니 무조건 많은 사람을 만나 무
턱대고 인맥을 넓히는 게 능사는 아니라는 걸 깨닫게 됐
다. 인맥을 넓히는 것도 중요하지만 아는 사람이 어느 정
도 늘어나면 인간관계를 선별하는 과정이 필요하다. 의식
적으로 인맥을 정리하는 시간을 갖지 않으면 회식 등 참
석해야 할 모임만 늘어나서 정작 '나'를 돌보는 데 필요한
시간이 줄어들어 피곤만 쌓이기 때문이다.

불교에 '옷깃만 스쳐도 인연'이라는 말이 있지만, 모든
옷깃을 다 챙기다간 어느 순간 내 몸은 너덜너덜 만신창
이가 되어버린다. 오죽하면 법정 스님조차도 『무소유』에
서 함부로 인연을 맺지 말라고 했을까. 법정 스님은 진정
한 인연이라면 최선을 다해서 좋은 인연을 맺도록 노력하
고, 스쳐가는 인연이라면 무심코 지나쳐버려야 한다고 조
언했다. 그것을 구분하지 못하고 만나는 모든 사람들과
헤프게 인연을 맺으면 어설픈 인연만 만나게 되어 그들에

의해 삶이 침해되는 고통을 받아야 한다고 설명한다. 즉, 우리는 수많은 사람들과 접촉하며 살아가고 있지만 인간적인 필요에 의해 만나는 사람들은 주위 몇몇 사람들에 불과하다는 얘기다. 그들만이라도 진실한 인연을 맺어놓으면 좋은 삶을 마련하는 데 부족함이 없다.

물론, 직장 생활을 하면서 어떻게 진정성 있는 사람들만 만나고 다닐 수 있느냐고 반문할 수 있겠다. 맞는 말이다. 아는 사람이 많아서 나쁠 것은 없다. 그러나 분명한 것은 혼자서 사귈 수 있는 사람의 숫자는 정해져 있다는 사실이다. 자신을 희생하면서까지 사교성 좋은 사람으로 남을 필요는 없다. 그러기 위해서는 불어난 인간관계를 분류해야 한다. 예를 들면 이렇다.

- 얼굴을 몇 번 본 적이 있는 정도의 관계
  (대부분 이름도, 얼굴도 단번에 떠올리기 쉽지 않다.)
- 업무상으로 만난 관계
  (직장 생활을 하기 위해선 앞으로도 계속 만날 가능성이 많은 사람들이다.)
- 개인적으로 만나면 즐겁고 신뢰할 수 있는 관계
  (업무상 만난 사람일 수도 있고, 어렸을 때부터 알아온 친구일 수도 있다.)

이런 식으로 인간관계를 구분하고 앞으로 어떻게 사람을 만나야 할지를 생각해볼 필요가 있다. 그렇다고 모든 사람을 자신에게 필요한 인맥과 필요 없는 인맥으로 무 자르듯 구분하라는 소리가 아니다. 살다 보면 내 의지와는 무관하게 얽히는 관계도 생기고, 때로는 업무나 직급과 전혀 관계없이 마음을 터놓고 진심 어린 조언을 주고받는 관계가 되기도 한다. 그러나 아무런 생각 없이 인맥을 넓히는 데만 집착하면 감당할 수 없을 정도로 불어난 관계 속에서 진정 필요할 때, 기대고 싶을 때, 도움을 청하고 싶을 때 정작 곁에 한 명도 남아있지 않게 될 수 있다. 아는 사람이 많은데도 외롭다는 말은 이럴 때 나오는 것일 게다.

내 경우엔 갑자기 연락이 와서 만나자고 하는 사람 가운데 전혀 기억에 없는 사람인 경우 "지금은 시간을 내기 어렵다"고 정중히 거절한다. 인맥을 넓히는 것에 목적을 둔다면 한 번쯤 시간을 내어 만나는 게 맞다. 그러나 이런 식으로 모임을 늘리면 몸이 열 개라도 부족하다.

가끔은 어떤 모임에서 소외됐다는 소식을 전해들을 때도 있다. 그러면 나도 사람인지라 속상한 마음이 든다. 하지만 그 모임이 앞으로도 지속될 모임인지, 진정 필요한 만남인지를 따져, 단순히 속상했던 것에 그칠 모임이라면 잊어버리려고 노력한다. 하지만 평소 친해지고 싶다 생각했던 사람에게 "나중에 밥이나 한번 먹어요"라는 말을 들으면 바로 달력을 꺼내어 약속을 잡는다. 인연을 깊게 만들기 위해서는 오늘의 인연을 나중으로 미루면 안 된다.

선배에게 사랑받는 2%의 센스
'숟가락부터 챙겨라'

회사 생활을 하다 보면 뭘 해도 예쁜 짓만 골라 해서 떡 하나 더 챙겨주고 싶은 후배가 있고, 뭘 해도 얄미워서 줬던 떡을 도로 빼앗고 싶은 후배가 있다. 이는 업무 처리 능력과는 별개로 그들의 기본 에티켓이나 센스 때문인 경우가 많다. 아니, 회사에서 일만 잘하면 장땡이지, 에티켓이나 센스를 무슨 국 끓여먹을 때 쓸 거냐고 물을 수도 있겠다. 사실 에티켓을 잘 지키지 않고 센스가 없다고 회사의 사운이 꺾이거나 업무에 엄청난 차질이 빚어지는 일 따위는 생기지 않는다. 다만 회사라는 조직은 어쨌거나 뜨거운 피가 24시간 돌아가는 사람들의 집합체인 만큼 당연히 에티켓을 잘 지키고 센스 있는 이가 손톱만큼이라도 더 좋은 평가를 받고 돋보이게 된다.

얼마 전 헤드헌팅 전문기업에서 직장인 358명을 대상으로 '직장 내에서 가장 지켜야 할 에티켓'을 물었는데, 1위로 '상대방에게 공손한 언어를 사용하는 것(29.5%)'이 꼽혔

단다. "당연한 거잖아"라고 여길 수도 있지만, 막상 적절한 존댓말과 공손한 언어를 구사하는 사람은 흔치 않다. 고백하건대, 나조차도 친밀함과 무례함을 꽤 오랜 시간 착각했다. 어떤 사람과 만나도 쉽게 친해지는 편이라 내 맘대로 상대방과 나 사이에 심리적인 장벽이 해제되었거나 없어졌다고 믿었다. 그래서 내 딴에는 친밀함의 표시로 저도 모르게 말꼬리를 잘라먹곤 했다. 그런데 이것은 엄청난 착각이었다. 나는 심리적 장벽이 없다고 느꼈을지 모르지만, 상대방은 아직 나에 대한 탐색조차 끝나지 않은 경우가 많았다. 설령 탐색이 끝났다 할지라도 "야, 자"를 틀 만큼 친밀하다 느끼지 않은 경우도 많았다. 간혹 이 같은 행동을 귀엽게 여기는 사람을 기적적으로 만나기도 했지만, 나이 서른을 넘기면서는 이런 기적조차 일어나지 않았다.

반대로 별것 아닌 일에도 "네", "그렇습니까?", "아닙니다"라며 군대식으로 깍듯하게 존댓말을 쓰는 후배가 있었다. "불편하게 왜 저래" 싶을 때도 있지만, 마냥 귀여운 척 엉기거나 스리슬쩍 반말을 놓는 후배보다는 백만 배 신뢰가 갔다. 사람만 똑바르고 진국이면 반말 좀 하든 존댓말을 하든 무슨 상관이냐고 물을 수도 있겠다. 완전히 상관 있다. 그 사람을 담는 그릇이 싸구려 질그릇이냐, 반짝반짝 유기그릇이냐의 차이다. 대부분 나를 더욱 가치 있고 센스 있게 만드는 데는 엄청난 돈과 시간 그리고 노력이 든다. 그런데 공손하고 깍듯한 언어 사용은 돈도 시간도 필요 없다. 조금만 신경 쓰고 노력하면 획득할 수 있는 최고의 자산이다.

같은 맥락에서 인사 잘하는 후배도 그렇게 예쁠 수가 없다. 두말이 필요 없는 기본인데 잘 지키는 사람이 드물게 인사 잘하기다. 하긴 같은 사무실에 종일 함께 생활하다 보면 화장실을 가다, 엘리베이터 앞에서, 커피를 뽑다가 수십 차례 마주치게 된다. 그때마다 꼬박꼬박 인사를 하기도 애매하고 안 하는 것도 머쓱하다. 그러나 매번 배꼽인사까지 할 필요는 없지만 목례 정도는 하는 게 이치에 맞다. 특히 신입사원일 경우는 절대적이다. 이 시기엔 회사에 나보다 직급이 낮은 사람이 한 명도 없다. 심지어 청소 아주머니조차도 회사 돌아가는 사정을 신입사원보다는 잘 안다. 그럴 땐 무조건 마주치기만 하면 인사를 해야 한다. 이왕이면 활짝 웃는 낯으로. 이것만 잘해도 50점은 깔고 시작한다. 인사 잘하는 후배에 대한 평가가 박한 조직을 본 적이 없다.

가끔 엘리베이터를 타면 '애네들이 나를 나이 많은 엘리베이터걸로 알고 있나' 싶을 때가 있다. 엘리베이터는 안에 있는 사람들이 내린 다음 타는 게 순서다. 그리고 같은 층에 내릴 경우 가장 어리거나 연차가 낮은 사람이 열

림 버튼을 누르고 모두 내릴 때까지 기다리는 게 예의다. 그런데 어찌 된 게 요즘은 내가 열림 버튼을 누르고 있으면 후배들이 우르르 먼저 내리고 맨 마지막으로 내가 내린다. "선배, 먼저 내리세요"라고 말을 건네는 이조차 드물다. 중늙은이처럼 뭐 그런 거까지 거슬리냐고? 그래서 이젠 거의 포기했지만 그렇기 때문에 이런 사소한 예의까지 챙기는 사람을 만나면 감동이 두 배가 된다.

이 밖에 부장이 오시면 앉으라고 일부러 비워놓은 상석에 냉큼 앉는 후배, 선배가 숟가락 젓가락 펼치고 있는데 멀뚱멀뚱 쳐다만 보고 있는 후배, 보다 못해 "넌 물컵이라도 채우렴"이라고 말하면 "괜찮습니다, 저는 목마르지 않습니다"라고 대답하는 후배, 건배할 때 주제넘게 제일 높이 잔을 치켜드는 후배 등 정말 다양한 종류의 '무(無) 센스'와 '비(非) 에티켓'으로 무장한 이들 때문에 선배들은 오늘도 조용히 뒷목을 부여잡고 있다.

이제까지 별문제 없었는데 너무 오버하는 것 아니냐고? 단언컨대 선배들은 당신의 실없는 행동들을 하나하나 뇌 속에 차곡차곡 기억해 놓았다가 무언가 실수를 했을 때 "센스 없는 저 놈이 언젠간 저럴 줄 알았다"고 혀를 찰 것이다. 기본을 지키는 것, 슬프게도 요즘은 이것만 잘해도 센스가 넘친다는 평가를 받을 수 있는 시대가 왔다. 뭐, 어찌 생각하면 보다 쉽게 센스 넘치고 에티켓 지키는

사람으로 격상될 수 있으니, 오늘부터 사소한 것 하나라
도 실천해보는 것은 어떨까.

한 줄의 사소한 문자가 관계를 만든다

업무에 치일 때 짜증나는 일 중 하나가 쓸데없는 전화나 문자를 받는 것이다. 연락하는 사람 입장에서는 나름대로의 이유가 있겠지만, 하필 중요한 미팅 중이거나 강아지 발이라도 빌리고 싶을 정도로 바쁠 때 걸려오는 전화나 문자는 공해 그 자체다. 그러다 보니 저도 모르게 신경질적인 말을 내뱉거나 찬바람이 쌩하니 불게 대답하기 마련이다. 그나마 전화를 받아주는 경우는 좀 낫다. 설령 회의가 아닐지라도 '회의 중이니 나중에 전화하겠습니다'라는 성의 없는 문자를 1초도 고민하지 않고 보내는 경우도 부지기수다. 하지만 가슴에 손을 얹고 대답해보라. 진짜로 회의가 끝난 다음에 혹은 바쁜 일이 지난 후 회신을 한 경우가 몇 번이나 되는지 말이다.

매일같이 시간을 이리 쪼개고 저리 쪼개며 이리 동동 저리 동동 직장 생활을 꾸려가다 보면, 항상 웃는 낯으로 사람을 대할 수는 없는 법이다. 우리는 한낱 갈대에 지나지 않은 인간인 데다가 짜증 유발 상황을 무한 반복 생산해내는 회사에 몸담고 있기 때문이다. 문제는 이 같은 경우를 상대방이 100% 이해해줄 수 있느냐다. 같은 사무실에 있는 사람은 옆에서 동동거리는 꼴을 보기라도 하니 어느 정도 수긍할 여지가 있다. 그러나 현재 상황을 잘 모르는 외부인은 난데없이 험한 꼴을 봤다고 생각하거나 서운하게 느끼기 십상이다. 상대방이 취재원이든 클라이언트든, 혹은 가족이든 느끼는 감정은 비슷하다.

이럴 때 인맥 쌓기의 달인은 늦더라도 회신을 한다. 그것도 아주 예의 바르고 쏘스윗하게. 사실 별게 아니다. "아까는 회의 중이라 전화 못 받았어요, 이제 한숨 돌렸네요. 어떤 일이세요?" 이 길지 않은 문장을 읊조리는 데 소요되는 시간은 6~7초 남짓이다. 문자로 답장을 할 수도 있다. '늦어서 미안해요, 이제 끝났어요. 통화 가능할 때 전화 주세요' 이 역시 독수리 타법으로 찍어도 10초 안짝의 시간밖에 걸리지 않는다. 하지만 단 10초의 성의가 경우에 따라서는 그 사람에 대한 전체적인 인상을 바꾸는 데 결정적인 역할을 한다.

회신을 받으면 상대방 입장에선 그 사람에 대한 호감도가 수직 상승한다. 나보다 윗사람이거나 갑의 위치에 있는 인물이 의외의 따뜻한 답장, 혹은 성의 있는 전화를 줄 경우 갑자기 사람이 달라 보이기도 한다. 반대로 이 같은 행위는 상대방에게 '일 처리에 있어 아주 프로페셔널한 사람' 혹은 '사소한 것도 놓치지 않는 사람'으로 인식시킬 수 있는 절호의 찬스가 되기도 한다. 앞서 인맥을 쌓는 것도 중요하지만 쓸데없는 인연은 끊으라더니, 이 무슨 이율배반적인 소리냐고 할 수도 있겠다. 설령 끊을 땐 끊을 인연일지라도 떠나는 뒷모습을 아름답게 하라는 얘기다. 사람과의 관계는 어떤 식으로 어떻게 꼬여서 내 눈앞에 다시 '짠' 하고 나타날지 모르는 법이다.

꼭 한번 인터뷰하고 싶었던 취재원이 있었다. 나뿐 아니라 많은 기자들이 그와 인터뷰를 하기 위해 수차례 통화를 하며 스케줄을 맞추고자 했다. 그런데 그가 갑자기 해외 현지촬영을 떠나게 되는 바람에 모든 기자들이 당황하는 상황이 발생했다. 사실, 인터뷰를 할 수 없게 됐다는 통보를 받았을 때 아쉬우면서도 불쾌한 마음을 감출 수 없었다. 웬만한 일정은 뒤로 미루고 그의 스케줄을 최우선석으로 맞추고자 노력했던 시간과 노력이 아까웠기 때문이다. 많은 기자들이 '네가 잘나면 얼마나 잘나서 이런 식으로 하느냐, 두고 보자'라며 이를 바득바득 갈았다. 나 역시 그런 마음이 없었다고는 못 하겠으나 어쩔 수 없는 그의 상황도 이해가 됐다. 그래서 '기대를 많이 했는데 아쉽다. 다음에 기회가 닿으면 그때는 꼭 한번 직접 만나 이야기를 나누고 싶다. 잘 다녀오시라'고 문자를 남겼다. 그런데 다음 날 출근길에 거짓말처럼 그로부터 전화를 받았다. 갑자기 일정이 바뀌어서 인터뷰를 할 짬이 생겼는데 나와는 꼭 하고 싶다는 거였다. 이유를 물었더니 놀랍게도 단순했다.

"인터뷰를 못 하겠다고 전했을 때 답장을 한 사람이 유아정 기자밖에 없었습니다."

그때 만약 성질을 참지 못하고 있는 대로 욕을 퍼부었으면 속이야 시원했겠지만 인연은 거기서 끝났을 거다. 하지만 성실한 답문자 한 줄 덕분에 나는 단독 인터뷰를 할 수 있었고, 그때의 인연으로 나에겐 소중한 한류 스타 친구 한 명이 생겼다.

간혹가다 절제된 단호함과 예의 없음을 혼동하는 경우가 있다. 뭔가 대단한 일을 하고 있다는 착각에 빠졌던 그 언젠가, 나는 굉장히 바쁜 사람이고 그렇기 때문에 이 더할 나위 없이 중요한 업무 리듬을 끊어놓는 하찮은 전화나 문자는 깔끔하게 씹어도 된다는 건방진 생각을 했었다. 하지만 남을 무시하거나 속상하게 만들어도 되는 중요한 일 따위는 존재하지 않는다는 것을 깨닫고 쥐구멍이라도 찾고 싶었다. 경우 없는 한마디의 말은 순식간에 아군을 적군으로 만들어버리는 강력한 힘을 가졌다. 하루에 몇십 초, 길게는 몇 분을 상대방에게 투자한다고 잘 진행되던 일이 콱 망하거나 어그러지는 경우는 세상에 없다.

영혼 없는 칭찬도 사람을 춤추게 한다

"우리 예전에 만난 적 있지 않아요? 이렇게 예쁜 기자를 기억하지 못할 리가 없는데."

"어머머, 까르르르르륵."

한 한류 스타와의 만남은 드라마 그 자체였다. 그가 출연한 드라마가 대히트를 치자 남자 주인공을 인터뷰하라는 부장의 명을 받아 일산 SBS 탄현 스튜디오를 찾았던 나는 아직도 그날을 어제 일처럼 생생히 기억한다. 부서 특성상 그전에도 수많은 톱스타들과 인터뷰를 해봤던 터라 딱히 그에 대한 기대치가 더 높을 것도 없었지만, 저 낯간지러운 멘트 하나로 그는 나에겐 비교불가 톱 오브 톱 스타로 승격됐다. 진정성이라고는 1mg도 없어 보이는 바로 저 한마디로!

어찌 됐든 대한민국 톱스타가 나를 무지 예뻐서 기억하지 못할 리 없다고 하는데, 아무리 빈말이 의심될지라도 홀딱 넘어가지 않을 여기자가 어디 있겠는가. 하지만 모

97

든 일에는 반전이 있는 법. 기쁜 마음에 이 같은 에피소드를 동네방네 자랑했더니 모든 여기자들이 이와 비슷한 사연을 하나씩 갖고 있는 게 아니던가. "깔깔깔, 역시 '선수'는 다르다"고 웃으면서도 그때의 기분 좋은 설렘이 사라지지는 않았다.

아쉽게도 한류 스타 비주얼에 반의반도 못 미치는 후배가 사무실에 있다. 하지만 그는 남편도 눈치채지 못한 헤어스타일의 변화를 콕 집어 칭찬해주는가 하면, 나의 스카프와 블라우스 색상이 기가 막히게 잘 어울린다며 감탄사를 내뱉곤 했다. 이러한 멘트들이 진정 나의 아름다움을 찬탄해 마지않아 나오는 찬사가 아님을 누구보다 잘 알고 있지만, 그렇다고 그런 말을 내뱉는 그가 밉지 않다. 아니 오히려 감사할 때가 많다. 전문가다운 식견도 없이 그저 "선배, 오늘 구두가 진짜 멋져요", "재킷과 목걸이가 잘 어울려요", "앞머리 내리니까 훨씬 어려 보여요" 등의 단순한 멘트일 뿐인데 그의 칭찬을 들으면 하루의 시작이 달라진다.

이는 나뿐만이 아닌 듯하다. 사무실 누구든 그에게 칭찬을 들으며 하루를 시작하면 기분이 좋다고 말한다. 간혹 그에 대한 험담을 하는 경우도 보았지만, 그보다는 그의 세심한 센스에 감탄하며 무언가를 새로 구매한다거나 스타일의 변화가 있으면 그에게 '좋아요'를 인증 받고자

기다리는 경우가 훨씬 많다. 심지어 어쩌다 그가 휴가나 출장 중이라 사무실에 없는 날이면 뭔지 모르게 아쉽고 허전하다는 사람들도 있다. 이처럼 긍정적인 말은 누군가 신 나게 일할 수 있도록 동기부여를 해주는가 하면, 싫은 사람도 왠지 모를 좋은 사람으로 기억하게 만드는 강력한 힘이 있다. 설령 그 말의 저의가 의심되고 아부의 스멜이 강하게 느껴질지라도 말이다.

하지만 직장 생활을 하는 많은 여자들은 신기하게도 무조건 직진만이 살길이라고 생각한다. 물론 나도 그랬다. 그래서 마음에 없는 말을 잘하지 못했다. 목에 칼이 들어올지언정 바른말을 하겠다는 이상한 사명감에 불타올랐다. 그러다 보니 싫은 사람 앞에서는 싫은 티를 내고, 좋아하는 사람 앞에서는 좋아하는 티를 내는 것이 직장인의 나아갈 바라고까지 생각했다. 많은 후배들이 "저는 얼굴에 좋고 싫음이 다 드러나서 큰일이에요"라고 말하지만, 정작 그것이 '문제'라고 깨닫거나 한발 더 나아가 고쳐야 될 사안이라고 생각하는 경우는 많지 않았다. 오히려 힘든 조직 생활에서 미약하나마 이 정도의 강직함을 지니고 있음을 자랑스러워하는 눈치였다.

'강직함'과 '융통성 없음'은 구분되어야 한다. 세계 최고의 협상가로 불리는, 미국 와튼스쿨의 스튜어트 다이아몬드조차 협상을 할 때 사람들은 대개 '합리적인' 해결점을 중심으로 전략을 논의하지만, 합리적이라고 할 수 없는 요소들로 협상에서의 결정이 좌우되는 상황이 많다고 설명한다. 그래서 그는 감정을 중시하는 도구와 전략을 개발하기 시작했단다. 스튜어트는 결국 "사람이란 본래 자기 말에 귀 기울여주고, 가치를 인정해주고, 의견을 물어주는 사람에게 보답하기 마련이다. 그게 사람의 변하지 않는 본성이다"라고 정의했다. 이 말인즉, 머리카락 색깔이 금색이든 까만색이든 피부 빛이 하얗든 노랗든 세상 아래 어느 조직이나 '감정적인' 사람들이 모여서 꾸려가는 곳이라는 의미와도 맥락을 함께한다. 이러한 감정적인 인간들의 집합소에서 무조건 객관적이고 합리적이고 직진만이 진리고 정답이라고 고집하는 것도 미련한 짓이다.

정공법을 택했을 때 원하는 답을 얻지 못했다면 방법을 바꿔 봐야 한다. '웃는 얼굴에 침 뱉으랴'는 말은 괜히 있는 게 아니다. 편히 갈 수 있는 길이 있는데 굳이 고된 가시밭길을 찾아야 할 이유가 있을까. 그게 아니라도 회사에는 원하든 원치 않든 가시밭길이 사방천지에 깔렸는데 말이다. 싫은 사람과 프로젝트를 하게 됐을 때, 혹은 재수 없는 상사에게 무언가 보고를 해야 할 때 심호흡을 하고, 눈 꾹 감고, 입에 침 바르고 칭찬의 말을 건네보자. 그게 설령 진정성이라곤 한 톨도 내재되어 있지 않은 말일지라도 그 말을 내뱉는다고 감옥에 가는 것도 아니고 죽는 것도 아니다. 그저 한마디 좋은 말일 뿐이다. 이 별것 아닌 칭찬 한마디가 생각 외로 얼마나 일을 수월하게 만드는 힘이 있는지 놀라게 될 것이다. 돈 드는 일도 아닌데 그 정도쯤이야, 오죽하면 칭찬은 몇 십 톤의 무게를 자랑하는 고래마저도 춤추게 한다고 하지 않던가.

위계질서를 안 지키는 후배는
초반에 잡아라

'요즘 것들은 버릇이 없다'는 문구가 고대 동굴 벽화에 있다나, 바빌로니아 문서에 쓰여 있다나. 어쨌든 호랑이가 담배 피던 시절부터 어른들은 "젊은이들이 버릇이 없다"고 혀를 끌끌 찼던 모양이다. 그래도 말 안 듣는 놈이 내 자식이면 다행이다. 어르고 달래어 보다가 안 통하면 성질껏 소리라도 질러보지, 남의 집 자식이면 참으로 난감하기 그지없다. 피 한 방울 안 섞인 사람들이 모여 있는 직장에서 버릇없는 후배는 날 찍어 내리는 상사만큼이나 힘들게 하는 존재다. 갓 입사해서 앞만 보고 달리면 되는 3, 4년 차까지는 후배라 부를 만한 사람도 몇 명 되지 않고, 주어진 일을 처리하는 데 허덕대느라 주변을 둘러볼 여유가 없다. 그러나 슬슬 대리나 과장 꼬리를 달면서부터는 얘기가 달라진다. 부서에 윗사람보다 아랫사람이 많아지면 이에 상응하는 스트레스들이 온몸을 무겁게 짓누른다. 열 번 양보해서 상사는 내 윗사람이니까 '그래, 치사하고 더럽지만 그럴 수 있어'라고 어느 정도 자기합리화를 시킬 수 있지만, 아랫사람인 후배의 무례한 행동은 아무리 생각해도 받아들일 수 없는 경우가 많아 더 괴롭다.

:: CASE 1

영업부 김 과장은 천상천하 유아독존 자기만 잘난 줄 아는 데다 눈치까지 없는 후배 때문에 힘들다. 후배는 오늘도 어김없이 오후 6시 종이 치자 벌떡 일어나 "그럼 이만"이라며 눈앞에서 총총 사라졌다. 우리나라 정서상 아무리 일을 다 마쳤다고 할지라도 자기 위로 대리, 과장, 팀장이 줄줄이 남아있는데 홀로 퇴근을 하는 풍경은 아직 낯선 게 사실. 회식 날짜를 잡을 때도 그녀는 "퇴근 후 개인적인 삶까지 회사 사람들에게 저당 잡히고 싶지 않다"며 분연히 불참을 선언해 부서원들을 뜨악하게 만들었다. 김 과장은 그녀의 당당함이 부러울 때도 있지만, 그보다는 후배 하나 제대로 관리 못 한다고 눈치 주는 팀장의 눈빛이 따갑다 못해 아플 지경이다. 하지만 그를 더욱 의기소침하게 만드는 것은 '너는 왜 아직도 그러고 사니?' 식으로 은근히 무시하는 후배의 눈길이다.

이럴 땐, 이 같은 행동이 부서에서 어떤 식으로 보이는지 후배에게 알려주는 게 우선이다. 세상에서 무서운 게 없는 듯 행동하는 후배는 사실 뭘 몰라서 그러는 경우가 대부분이다. 너의 행동은 세상을 바로잡는 지성인의 자세라기보다는 대학교 경영학 수업 때 글로 배운 지식에 지나지 않는다는 것을 지적해야 한다. 이때 "너와 같은 연차에는 감히 상상할 수도 없는 일"이라든지 "어디 선배들 앞에서 사생활을 운운하냐"는 식으로 접근했다가는 "쯧쯧, 못난 너나 평생 그리 살아" 식으로 몇 곱절 무시당할 수 있다. 차라리 그녀의 행동을 인정하고 공감하는 말로 대화를 풀어나가자. "나도 칼퇴근하고 싶지. 내 일 끝났는데 상사 눈치 봐가면서 남아있는 건 불합리해"라면서 "하지만 다들 바보라서 그렇게 남아있는 게 아니야. 갑자기 무슨 일이 터질 수도 있잖아. 제일 억울한 것은 고작 10분, 15분 더 일찍 간 것 때문에 네가 이제까지 한 일이 평가절하되는 거야"라고 짚어주면 된다.

회식도 마찬가지다. "나도 갑자기 회식 잡는 거 진짜 싫은데" 하며 "하지만 네가 잔다르크처럼 모든 일에 앞장서 칼을 휘두를 필요는 없단다. 사람들은 속으로는 좋아하면서 뒤에서는 얼마나 험담을 하는데"라고 얘기해주는 거다. 그리고 우아한 마무리. "네가 나중에 팀장이 되면 칼

퇴근하는 문화와 회식하지 않는 풍토를 만들렴. 그러려면 팀장이 될 때까지 살아남아야 되지 않겠니? 지금 같은 처세면 10년 걸릴 거 20년 걸릴지도 몰라."

이래도 말귀를 못 알아듣는다고? 그렇다면 그녀 복이 거기까지다. 무시해라. 그런 멍청한 후배 때문에 속앓이를 하는 시간과 에너지가 아깝다.

:: CASE 2

사업국 강 대리는 요즘 후배가 제대로 처리하지 못한 일까지 도맡아 하느라 업무가 두세 배로 늘어났다. 후배에게 "보고서는 어디 있나?"라고 물어보면 "선배가 스크랩만 하라고 그러셨잖아요"라는 퉁명스러운 대답이 돌아온다. 일의 순서상 스크랩을 마치면 그다음 보고서 작성은 기본 아닌가? 이를 시키지 않아 안 했다니, 그녀를 보노라면 '대체 대학교 졸업장은 받은 걸까?' 의심스러울 때가 한두 번이 아니다. 또 무언가 잘못한 걸 지적하면 "죄송합니다. 시정하겠습니다"라고 하는 법이 없이 지리멸렬한 변명을 주야장천 늘어놓거나, 반대로 꽁하니 하루 종일 입을 다물어 사람 속을 뒤집어 놓았다. 성질 급한 강 대리는 결국 후배가 미처 다하지 못한 일들을 마무리하기 위해 오늘도 분주하다. 더욱 황당한 것은 후배가 강 대리에게 감사해 하기는커녕 뒷담화를 도맡아 하고 있다는 사실이다.

SOLUTION 2

숟가락질을 못해 식탁을 어지럽히는 꼴이 보기 싫다고 밥을 떠먹여주는 엄마 노릇은 이제 그만하는 게 좋겠다. 심지어 고마워하지도 않는데 뭐하러 그런 수고를 자처하는가. 느려터지고 깔끔치 못해 속이 터질지라도 그녀가 고생하고 그녀가 혼나도록 놔두자.

그리고 구구절절 읊는 변명도 끝까지 들어줄 필요는 없다. 질문에 대한 답이 아니면 중간에 끊어라.

"그래서 지금 내 말이 틀리고 당신 말이 옳다는 건가?"

"당신 주장대로라면 계획된 타임라인에 맞춰 일을 했는데 왜 기한을 맞추지 못했나?"

반대로 꽁하게 입을 다물고 있는 후배의 경우, 그 앙다문 입을 열어보겠다고 직접 비닐장갑을 끼고 나설 것이 아니라면 힘들게 진을 뺄 필요가 없다. "할 말이 없나 본데 며칠 몇 시까지 정리해 보고하라"고 지시하면 간단할 일이다.

몰래 뒷담화를 하고 다니는 것은 단호하게 경고해야 한다. 뒷담화는 말 그대로 그 사람 모르게 '뒤에서' 한 욕설이다. 그런데 '난 네가 커피 자판기 옆에서 한 일을 알고 있다'는 사인을 '앞에서' 주면 움찔할 수밖에 없는 게 사람 심리다. "앞으로 또 이 같은 얘기가 들리면 다음에는 경고로 넘어가지는 않을 것"이라는 준엄한 마무리 멘트도 잊지 말아야 한다.

:: CASE 3

광고사업부 차 대리는 자기를 건너뛰고 과장 혹은 팀장과 '직거래'하는 후배 때문에 골머리를 앓고 있다. 차 대리가 그의 직속 상사이니 당연히 그녀를 거쳐 보고가 이뤄져야 하지만, 이 후배는 자기를 무시하고 상사에게 직접 한다. 처음 한두 번은 보고 체계를 잘 몰라서 그러려니 했으나 매번 그런 식이다. 이러다 보니 팀장이 알고 있는 내용을 차 대리가 모르는 경우도 생겨 여러 사람들 앞에서 망신을 산 적도 있다. 이대로 두고 볼 수 없어 "나에게 보고를 한 뒤 팀장에게 보고를 하는 게 순서"라고 일러줬건만 "촌각을 다투는 급한 일이어서요", "선배가 그때 자리에 없었잖아요"라는 식으로 은근슬쩍 빠져나간다.

한 마리 미꾸라지처럼 위계질서를 흐리고 요리조리 빠져나가는 후배는 직장 생활에서 가장 기피하고픈 존재다. 그 사람이 바로 내 직속 후배라면 최대한 빠르고 신속하게 불손한 행동의 싹을 잘라버려야 한다. 몰라서 한 행동이라면 차 대리가 처음 지적했을 때 바로 시정했을 것이다. 그러나 이 같은 행동을 계속 이어간다는 것은 고위층과 직거래를 하는 것이 효율적인 방법이라고 생각하는 얍삽한 타입일 가능성이 높다. 이런 사람일수록 정공법에 약하다. "네가 하고 있는 짓이 근본이 없는 행동이며, 앞으로 또 한 번만 그런 일이 벌어지면 좌시하지 않을 것"이라고 직설적으로 말해야 한다. 또 화장실로 찾아오든 전화를 백 번하든 다음부터는 선임을 거치지 않은 보고는 있을 수 없음을 확실히 해야 한다.

가능하다면 팀장에게도 도움을 요청하는 것이 좋다. 제대로 된 팀장이라면 절차를 밟은 보고인지 먼저 파악했겠지만, 만약 그렇지 못하다면 후배의 올바르지 않은 처신을 일러주고 현명한 지휘 체계 확립을 부탁하자. 이때 주의해야 할 점은 팀장에게 전후 관계를 최대한 객관적이면서도 공손함을 잃지 않는 선에서 설명하고 동의를 구해야 한다는 것. 자칫 잘못하면 잘나가는 후배를 시샘하는 '못돼 처먹은' 선배로 낙인 찍힐 수 있다.

따끔한 약을 발라줄 선배도 필요하다

회사를 다니다 보면 답을 도대체 짐작할 수 없는 시험에 수도 없이 맞닥뜨린다. 이번에야말로 정답이라고 자신했는데 오답으로 판명될 때도 많다. 학교를 다닐 때면 담당 교과 선생님께 쪼르르 달려가거나, 옆자리에 새초롬히 앉아 열공 중인 전교 1등에게 물어보면 되지만, 회사에서는 대체 누가 선생님 역할이고 누가 전교 1등 학생인지도 헷갈린다. 설령 선생님과 전교 1등이 누구인지 파악했다 할지라도 그들에게 묻기가 껄끄럽거나 창피해 뒤로 숨기도 다반사다. 있는 힘껏 용기를 내어 물어봐도 그들이 흔쾌히 정답을 알려주는지도 의문이다. 이 수많은 변수와 불확실성 속에서 직장인은 오늘도 나에게 정답 근처라도 가도록 인도해 줄 조언자, 멘토를 끊임없이 갈구한다.

나도 그렇다. 상사보다 후배가 훨씬 많아지도록 직장을 다니고 있건만, 아직도 몇몇 상황에 맞는 정답을 몰라 주변을 괴롭히고 내 머리를 쥐어뜯는다. 예전처럼 상사나 대표가 던진 질문의 의도 자체를 파악하지 못해 쩔쩔매는 경우는 많이 줄었지만, 그래도 여전히 일을 지시한 이유까지만 파악이 되고 그 내면의 의도가 무엇인지는 짐작이 안 돼 헤매는 때가 많다. 혹은 각각의 상황에서 적절한 처신의 수위가 어디까지인지 가늠이 안 돼 허둥지둥하다 일을 망쳐버리는 경우도 있다.

그럴 때마다 걸레처럼 너덜너덜해진 내 상처를 다독여줄 친구나 동기 혹은 비슷한 직급의 동료를 찾아가 위로를 받는다. 운이 좋아 시간이 허락한다면 술잔을 기울이며 '똑똑하기 그지없는' 나의 진가를 알아주지 않는 '바보 같은' 상사 험담에 열을 올리며 스트레스를 날려버린다. "애초에 질문 자체가 말이 안 되니 정답 따위가 있을 리 없잖아"라는 동료들의 따뜻한 위로에 "역시 내 잘못은 아니었어"라며 내일을 살아갈 힘을 얻기도 한다. 그래서 많은 이들이 비슷한 처지에 놓인 동료의 위로에 안심하며 신세한탄만 하다 끝난다. 원하는 대답을 이미 들었기 때문이다. 그리고 어쩌면 나의 잘못으로 판명될지도 모를 치부를 마주하고 싶지 않은 본능적인 방어기제도 작용하는 것이리라.

하지만 앞으로도 직장을 계속 다닐 생각이고, 잘 헤쳐나가고픈 의지가 있다면 이들의 위로에만 안주해서는 안 된다. 나의 상황을 보다 객관적으로 바라보고 날카로운 조언을 해줄 수 있는 진심 어린 선배 몇 명을 곁에 꼭 두어야 한다. 비슷한 연배들끼리 족발을 뜯고 맥주를 마시며 얼싸안는 것은 심적으로 큰 도움이 될지 모르지만, 나의 처신이나 잘못된 문제 해결방식의 솔루션을 찾는 데는 별 도움이 안 된다. 그도 그럴 것이 그들이나 나나 똑같은 눈높이에서 상황을 관망하기 때문에 무엇이 잘못됐는지 도무지 알아낼 수가 없기 때문이다. 반면에 직급이 높은 선배들은 그 문제를 출제한 상사의 입장에서 그들이 무엇을 원하고 있고, 나의 어떤 점이 문제라고 여기는지 바로 캐치해낸다. 역지사지라고 나인들 상사의 입장에서 생각을 해보지 않았겠느냐마는, 실제로 그 자리에서 그 역할을 수행하는 선배의 내공을 따라가기란 쉽지 않다.

이 같은 조언자가 굳이 같은 회사에 다니는 선배여야만 할 이유는 없다. 사실, 같은 회사의 선배로부터 진심 어린 조언을 듣기란 쉬운 일이 아니다. 그들은 사무실 돌아가는 사정과 상사의 캐릭터를 잘 알고 있으니 일일이 설명하지 않아도 되는 큰 장점을 갖고 있지만, 그래서 오히려 감정적인 눈으로 상황을 판단할 가능성도 있다. 그리고 의도했든 안 했든 내 본연의 의지와 다른 방향으로 구설에 오를 수 있는 빌미를 제공할 수도 있다.

경험상, 이보다는 다른 회사에 다니는 선배가 훨씬 유용하다. 나이도 더 많고 직급도 나보다 한 단계 높거나 그보다 더 높은 선배 말이다. 비슷한 직종에 몸담고 있는 선배라면 업계 돌아가는 상황은 뻔할 뻔자라 세세하게 설명하지 않아도 되는 편리함은 있지만, 전혀 다른 직종에 종사하는 선배여도 전혀 상관없다. 어차피 회사란 여기나 거기나 비슷한 DNA를 갖고 굴러가는 조직이기 때문이다.

얼마 전 회사에서 미묘한 일로 굉장한 스트레스를 받았다. 내 입장에서는 딱히 잘못한 점도 없는 것 같고, 일을 그르치지도 않았는데 계속 찜찜했다. 별 탈 없이 일이 마무리가 됐으니 상사의 처분만 기다리면 됐는데, 정작 상사는 아무 말이 없었다. 내 입장에서는 이제나저제나 언제 얘기가 나오려나 기다리다 지쳐 다른 일이 손에 잡히지도 않았다. 친구들과 동기는 "어쩌냐, 진짜 답답하겠다", "정말 성질나겠다" 식의 동조만 있을 뿐 딱히 답을 제시해주지는 못했다. 답답한 마음에 평소 친분이 돈독한 글로벌 뷰티 회사의 이사님에게 조언을 구하니 "유아정 기자가 먼저 얘기를 꺼내야죠"라고 하는 것이 아닌가. "어? 저는 제가 먼저 말을 꺼내는 게 무례한 것 같아서 참고 기다리는 건데요?"라고 했더니 "아니죠. 상사가 체면 구겨지게 그런 일로 부하 직원을 불러 이야기하기란 쉽지 않답니다. 먼저 가서 말씀드리세요"라고 조언했다. 유레카! 상사는 내가 먼저 오기를 기다렸는데 나는 반대로 생각했구나. 전혀 생각지 못한 지점을 지적해준 그녀의 조언을 따랐더니 나머지 일은 저절로 술술 풀렸다.

이 같은 조언은 가끔 너무나 날카롭고 차가워서 내 아픈 상처를 심하게 건드릴 수도 있다. 이런 경우, 조언을 하는 사람도 받아들이는 당사자가 굉장히 힘들어하거나 기분 나쁠 수 있다는 사실을 잘 알고 있다. 그럼에도 불구하고 상처에 아낌없이 알코올을 들이붓는 것은 진정으로 당신을 아낀다는 방증이다. 행여 "에잇 기분 나빠, 잘 알지도 못하면서. 다시는 안 물어볼 거야"라고 마음의 문을 닫는 우를 범하지 말길.

회사 생활은 날씨와 비슷하다. 어느 날은 쏟아지는 햇살에 당장이라도 김밥을 싸서 피크닉을 떠나고 싶고, 어느 날은 장대비에 몸도 마음도 젖어 꼼짝도 하기 싫다. 이런 변덕스러운 나날들을 무던히 견뎌내려면 나의 상처를 따뜻한 입김으로 호호 불어주고 어루만져 줄 동료 같은 조언자도 필요하지만, 따가운 약을 발라주고 아프게 꿰매 줄 선배 같은 조언자도 필요하다.

3.

오래도록
뜨겁게,

버티는 힘을
기를 것

일과 사랑, 꼭 하나만 선택해야 하나

"엥? 결혼하셨어요?"

나와 첫 만남을 갖는 사람 열에 아홉은 꼭 물어본다. 만만치 않게 생긴 여기자가 차장 직함이 박힌 명함을 내미는 걸 보니 연차도 꽤 됐을 것 같고, 그러면 당연히 나이도 마흔 전후라 짐작 가능할 터인데, 신기하게도 결혼까지는 연관을 시키지 못하는 게 대부분이다. 인터뷰 중 자연스럽게 남편이나 애들 얘기가 나오면 "어머나, (당연히 결혼을 못/안 했을 거라 생각해) 실례될까 봐 못 여쭤봤어요"라며 놀란다. 한때 '내가 너무 어려 보이는 거 아냐'라는 즐거운 착각도 해보았지만, 그보다는 저 나이가 되도록 회사를 다니는 걸 보니 당연히 아직까지 결혼을 못 했거나 할 생각이 없는 여자라고 단정 짓는 것 같다.

이를 탓할 수도 없는 게, 통계청 조사 결과 우리나라 여성들이 직장을 그만둔 1순위 이유는 결혼이란다. 2011년 맞벌이 가구 및 경력단절여성 통계 집계 보고서에 따르면, 190만 명 기혼 여성 중 결혼 때문에 퇴직을 한 여성이 89만 3,000명(47%)으로 가장 높았다. 그 뒤를 이어 육아(28.7%), 임신·출산(20%), 자녀교육(4.3%) 때문에 일을 하지 않는 것으로 나타났다. 단순히 이 같은 결과만 놓고 추론해볼 때, 그들이 내가 결혼을 하지 않았기 때문에 아직까지 회사를 다닐 수 있는 것이라 생각하는 것도 무리는 아니다. 하지만 결혼은 물론 임신, 출산, 육아, 자녀교육 등 퇴직사유 4단 콤보를 모두 미션 클리어했거나 진행 중이라는 사실을 알면 '아, 독하거나 아주 모자르거나' 둘 중 하나라 판단하고 탐색에 집중하는 모양새다.

고백하자면, 나는 요즘 기준으로 보면 꽤나 어린 나이인 20대 후반에 결혼을 했다. 그리고 결혼을 안 하는 것보다는 하는 것이 인생살이 여러모로 훨씬 도움이 된다며, 주변의 미혼녀들을 재촉하는 주책 맞은 아줌마다. 물론, 결혼을 수차례 해보지는 않아 다른 케이스와 체험 비교가 불가하다는 '치명적인 약점'이 있지만, 적어도 내가 해보고 괜찮다 싶은 것만큼은 남들에게 권해도 되지 않을까 생각한다.

결혼을 해서 제일 좋았던 점은 소모적이기 이루 말할 수 없던 '밀당'으로부터 해방이 됐다는 거다. 연애를 하면서 겪는 수많은 번민과 고뇌들, 예를 들면 먼저 전화할까 말까, 문자에 답을 지금 보낼까 말까, 안부를 먼저 물을까 말까 등 이 모든 사소하지만 사소하지 않은 '간 보기'들이 결혼과 동시에 마침표를 찍는다. 이제 내 사람이 된 이상 먼저 문자를 보내면 어떻고, 또 그 문자에 답을 안 한들 뭐 그리 상처받을 일인가. 어차피 집에 가면 한 이불 덮고 자야 되는 사이인데. 더 이상 이딴 것들로 자존심에 금이 가거나 그의 의중을 저울질하느라 머리를 싸매지 않아도 된다. 결혼 전 밀당하느라 써버렸던 에너지는 결혼 후 나와 그를 위한 보다 긍정적이고 여유로운 관계 설정을 위해 훨씬 더 가치 있게 사용할 수 있게 된다.

결혼은 안정적인 직장 생활을 영위하는 데 있어서도 유리하다. 혹자는 젊은 나이에 한창 일하는 재미를 알아가고 있는데 결혼을 하면 불리하지 않느냐고도 묻는다. 아니, 그러면 연차가 높아지면 일을 대충해도 되고 결혼에서 파생되는 방해 요소가 줄어드나? 그렇게 따지면 회사를 다니는 이상 결혼해도 좋을 최적의 시기란 존재하지 않는다. 회사 입장에서는 여직원이 늙어 죽을 때까지 결혼을 안 하는 게 가장 퍼펙트하다. 집안일로 정신이 분산되는 것을 막을 수 있을 뿐 아니라, 나중에 육아 문제로 휴직을 하거나 자리를 비울 가능성이 없어지니 말이다.

그래서 개인적으로 언젠가 결혼을 할 계획이라면 늦추는 것보다는 이른 편이 직장 생활을 꾸려나감에 있어서도 낫다는 데 백만 표를 던진다. 연차가 높아지면 그에 따라

책임감과 업무가 늘어난다. 이때 결혼한답시고 이리 동동 저리 동동 일을 벌이기보다는, 차라리 어린 연차에 멋모를 때(물론 본인은 그때가 가장 중요하고 빛나는 시기라고 생각하겠지만) 해치우는 게 후일 여유로운 인생사를 위해서도 편하다. 병아리일 때는 실수해도 선배들이 너그러이 웃어넘기고, 어떤 일을 진행할 때도 내 책임보다는 선배 책임이나 부서 책임이 더 크게 작용할 수 있다. 이럴 때 결혼과 육아를 위해 잠시 자리를 비운들 업무나 승진에 그다지 큰 영향을 미치지 않지만, 상대적으로 연차가 쌓였을 때 똑같은 일을 벌이면 나쁜 아니라 회사에서 느끼는 무게감은 몇 곱절로 커지게 된다.

후배들 중엔 결혼하고 싶은데 아직 돈을 모아놓은 게 없어서, 전세 자금이 마련되지 않아서 미루는 경우도 많다. 현실적인 장벽이 가로막는 케이스다. 그러나 결혼을 결심한 이상 월세 구할 돈만 마련됐다면 식을 올려도 나쁘지 않다고 감히 조언한다. 단칸방을 구할 돈이 모아지면 그래도 신혼집인데 20평대는 마련하고 싶고, 이왕이면 30평대 새 아파트에 살고 싶은 게 사람 마음이다. 그런데 혼자 돈을 모으다 보면 가끔 술도 먹어야 하고, 스트레스를 풀기 위해 쇼핑도 해야 하고, 돈 샐 일이 솔솔 생긴다. 웬만한 의지력이 아니고서는 원하는 만큼의 돈을 모으기가 쉽지 않다. 하지만 결혼을 하고 나면 공동의 목표와 미래가 생기기 때문에 정신 무장 상태가 달라져 훨씬 빠르게 돈을 모을 수 있다.

무엇보다 얌체 같은 홀수 1보다 균형감 있는 짝수 2가 주는 안정감은 험한 세상을 살아가는 데 든든한 버팀목이자 자양분이 된다. 이 험난한 세상을 홀로 바득바득 헤쳐 나갈 수 있는 강단과 의지력이 충만하다면 그것 역시 멋진 일이겠지만, 이를 둘이 사이좋게 나눠 할 수 있다는데 굳이 왜 마다하는가. 세상 사람 모두 나에게 등을 돌릴지라도 내 편을 들어줄 사람이 옆에 있다는 건 무엇과도 바꿀 수 없는 행복이다. 특히 '남자 사람'이란 대부분 철이 없어 하루라도 빨리 내 '입맛'에 맞게 교육을 시켜 놔야 평균수명 100세를 바라보는 이 시대에 긴 노후를 훨씬 즐겁고 평안하게 보낼 수 있다. 사람을 가르친다는 게 어디 하루이틀 만에 해결이 될 일이더냐. 공을 들여 제대로 교육시키려면 이 역시 하루라도 빨리 결혼해서 시작하는 게 유리하다.

종종 신문 사회면 귀퉁이를 장식하는 '독거노인 사망, 한 달 만에 이웃집 신고로 발견'과 같은 무섭고 슬픈 일이 나에게도 벌어질지 모른다는 원초적인 두려움에서 조금이라도 빨리 벗어날 수 있는 점도 무시할 수 없다. 물론, 이 모든 사례들이 정확히 180도 반대되는 지점에서 결혼을 하지 않아야 할 이유가 되는지 모르겠다. 나만 하더라도 아직까지 결혼을 하지 않고 일만 보며 달려왔다면 어쩌면 조금 더 있어 보이게 최연소 여자 부장 타이틀쯤은 달고 있을지도 모르겠다. 또 지금보다 사회적 지위와 명예 그리고 재산이 한 움큼씩 더 높을 수도 있겠다. 그러나 그러한 상황과 현재의 나를 바꾸고 싶은 생각은 쥐꼬리만큼도 없다. 직장과 가정 두 가지를 성공적으로 완벽하게 이끌어왔다고 말할 수는 없지만, 그렇다고 두 가지를 욕심부렸기 때문에 불행했다고도 전혀 생각하지 않는다. 오히려 약간 부족한 내가, 부족한 두 가지를 함께 이끌기 위해 노력하면서, 매일 조금씩 더 성숙해지고 더 행복해졌다고 진심으로 믿는다.

버텨야 살아남는다

회사에서 업무상의 실수나 부주의로 혼나는 건 나의 잘못이니 OK, 일백 번 수긍할 수 있다. 부족한 점을 깨닫고 발전의 자양분으로 삼으리라 다짐도 한다. 하지만 어디 회사란 곳이 판관 포청천 앞마당처럼 사리분별이 명확하게 구분되던 곳이던가. 내가 그르친 일도 아닌데 억울하게 꾸중을 듣는 경우도 다반사이고, 이유 없이 심기가 불편한 선배의 총알받이가 되는 경우도 허다하다. 일은 기껏 다 해놓고 생색을 제대로 못 내서 다른 사람의 공으로 돌아가는 상황도 솔솔찮게 연출된다.

이럴 때 어린 연차이면 큰 소리로 부당함을 만천하에 알리거나, 나의 가치를 알아주지 않는다며 분연히 자리를 박차고 일어나는 패기를 보일 수도 있겠다. 그러나 연차가 쌓일수록 주름뿐 아니라 소심함도 쌓여간다. 특히 나이 들어 내가 한 일을 정당하게 평가받지 못하거나, 상사로부터 별것 아닌 일로 크게 혼났다는 생각이 들면 별의

별 생각이 다 든다. '내가 무슨 부귀영화를 보자고 이런 험한 꼴을 당하고 살아야 하나'부터 '내가 그동안 이 회사를 위해 얼마나 애썼는데, 이건 지금 나보고 나가라는 건가' 등 자괴감과 박탈감, 배신감, 서글픔, 서러움 '멘붕 종합 5종 세트'가 한꺼번에 밀어닥친다.

취재원 중에 또래가 비슷한 차장 세 명이 있다. 셋 다 마흔을 넘긴 아줌마에, 회사에선 부장과 부원들 사이에 끼여 눈치 보고 산다는 공통점이 있어 기자와 취재원 관계를 떠나 금세 친구처럼 친해졌다. 각자 하는 일은 달라도 서로 안부를 챙기고 무슨 일이 생기면 조언을 아끼지 않으며 내 일처럼 걱정해주는 든든한 존재들이다. 다들 바쁜 사람들이라 약속잡기도 힘들어 번개 모임으로 한자리에 모여 질펀한 수다를 떨곤 하는데, 항상 결론은 똑같다. "그래, 우리 끝까지 버티는 걸로!"

지난 모임은 패션 대기업 마케팅팀 김 차장의 승진 탈락이 화두였다. 쌍둥이 엄마인 김 차장은 심지어 아들 쌍둥이라 남들보다 열 배는 더 고되지만 이를 핑계 삼아 일에 소홀했던 적은 없다고 자부한다. 지난해 승격 심사에서 한 번 미끄러졌던 그녀는 이번이 두 번째 탈락이라 그 충격이 더욱 컸다. 그녀는 목소리를 높였다.

"이번 프로젝트 성공의 주체는 나였다고. 그런데 엊그제 부장이 부르더니 이번 한 번만 이 차장한테 양보하래.

이 차장이 회장한테 찍혀서 이번에 만회하지 못하면 큰일
이라는데, 도대체 이게 말이 돼?"

김 차장은 그렇게는 못 하겠노라 거부의사를 표했지만,
결국 프로젝트 성사는 이 차장의 공으로 돌아간 모양이다.
이젠 회사를 그만둬야겠다고 큰 한숨을 몰아쉬는 그녀에
게 우리는 누가 먼저랄 것도 없이 이구동성으로 외쳤다.

"네가 왜 나가? 누구 좋으라고. 끝까지 남아서 그 놈 더
미치게 만들어야지."

"지금 당장 그만두면 뭐 할 건데? 안 돼."

"이런 일 한두 번 당해? 아마추어처럼 왜 그래? 버텨."

어쩜 그중 한 명이라도 "그래, 잘 생각했어. 관둬"라고
말하는 사람이 없는지. 정신없이 그녀를 말리던 우리는
누가 먼저랄 것도 없이 허탈한 웃음을 터뜨렸다.

구질구질하다고? 생각하기 나름이다. 그나마 우리들이
십수 년 동안 회사 짬밥을 먹으며 깨달은 것은, 결국 남아
있어야 뭐가 되도 된다는 거다. 당첨 확률이 100만 분의 1
인 로또도 편의점에 가서 사놔야 당첨이 되든지 말든지
하는 것처럼.

신세대 열풍이 불던 1994년 스포츠지 연예면 톱을 장식
한 기사가 있었다. 'X세대 연기자, 연기력도 X' 재미있는
점은 기자가 연기력이 꽝이라고 꼽은 인물의 면면이다.
바로 심은하, 이영애, 장동건이란다! 설익은 연기로 시청

자들을 불편하게 만들며, 앞으로도 이들의 미래를 기대할 수 없다는 요지의 이 기사는 지금 보면 너무 황당해서 실소조차 나오지 않는다. 20여 년이 지난 지금 심은하는 아직도 대중이 가장 컴백을 원하는 스타이고, 우아함의 대명사 이영애는 마흔이 넘은 나이에도 뛰어난 연기력으로 사랑받고 있다. 꽃미남 장동건은 드라마는 물론 충무로에서도 항상 캐스팅 희망 1순위 톱스타로 자리잡았다. 만약 이들이 당시 언론의 평가에 좌절해서 연기를 그만뒀거나 다른 길을 찾았다면, 지금의 명성을 누릴 수 있었을까. 온갖 구설수와 시기하는 이들의 방해공작, 그리고 스캔들을 '버텨냈기'에 지금의 자리에서 반짝반짝 빛나는 것이다.

회사라는 곳은 일을 제일 잘한다고 가장 먼저 승진하고, 일을 제일 못한다고 가장 먼저 잘리는 데가 아니다. 당장 나만 하더라도 내가 신문사에서 최고로 글을 잘 쓰고 특종을 많이 잡아서 최고참 여기자로 남아있는 게 아니다. 우리 신문사에는 나보다 일 잘하고 능력 있고 똑똑한 여자 선배들이 많았지만, 이런저런 이유로 다 떠나고 이제까지 '버티고' 있는 내가 남았을 뿐이다. "그렇게 험한 꼴을 당했는데 아직도 회사 다녀?"라는 소리를 들을 정도로 기자들의 동정을 한 몸에 받던 한 분이 돌고 돌아 결국 대표 자리까지 오르는 경우를 봤다. 능력 여부를 떠나서 그녀가 자신의 자리에 버티고 있었기에 가능했던 것이라 믿는다.

나도 언제 냅다 상사의 면상에 사표를 꽂을지 모른다. 하지만 적어도 대책 없이 '멋져 보이려고 혹은 더러워서' 사표를 던지고 나올 정도로 마냥 철부지는 아니다. 그래 봤자 "그 시끄럽던 아줌마 기자, 지금은 뭐 한데?"라는 얘기밖에 더 듣겠는가. 버텨라, 버티는 자에게 떡이라도 하나 더 생긴다. 알게 뭐람? 이러다 어느 날 사장되고 대표될지.

워킹맘을 꿈꿔라

아이를 키우다 보면 '경이로운' 순간을 몇 번 마주하게 되는데, 이 중 하나가 앵두 같은 입술로 "엄마"라는 단어를 내뱉을 때가 아닐까. 말이 빠른 편이었던 큰딸은 20개월 즈음부터 "엄마", "아빠", "물", "맘마" 등과 같은 단순명사를 넘어 "주세요", "아니요" 등의 동사까지 현란하게 구사했다. 그 가운데 지금까지도 잊지 못할 '경악할' 순간은 퇴근길 현관문을 열어젖힌 나에게 "엄마 피곤해?"를 외친 바로 그때다. 세상에, "엄마 사랑해", "아빠 놀아요", "물 주세요" 등 세 살 아이 입에서 나올 수 있는 말이 얼마나 많은가. 그런데 눈에 넣어도 안 아플 내 딸이 명사와 동사의 첫 조합으로 내뱉은 문장이 "엄마 피곤해?"라니……. 그때의 충격은 십여 년이 지난 지금까지 가슴속 저 깊이 생채기처럼 남아있다.

아이가 걸음마를 떼기까지는 2천여 번을 넘어져야 하고, 한 단어를 알기 위해서는 2만여 번 들어야 한단다. 그렇다면 내 딸은 "피곤해"라는 말을 저도 모르게 가장 먼저 내뱉을 정도로 2만여 번 이상 들었다는 계산이 나온다. 곰곰이 생각해보니 나는 퇴근하면서부터 항상 "피곤해"를 입에 달고 살았다. 아침에 나갔다가 저녁 늦게나 되어야 나타나는 엄마가 반가워 뒤뚱뒤뚱 걸어와 내 품에 안길 때조차도 "피곤해, 조금만 쉬었다가", "미안해, 엄마 피곤하니까 이따가 놀아줄게" 등을 고장 난 녹음기처럼 무한반복 내뱉었다. 워킹맘이라는 타이틀을 갖게 된 후 이때가 정신적으로 가장 괴로웠던 것 같다. 보석 같은 내 자식에게 평생 아름다운 말만 들려줘도 모자란 게 어미 마음인데 기껏 가르친(?) 단어가 "피곤해"라니. '나는 이 정도 엄마밖에 안 되는 건가?'라는 회의감에 빠졌었다.

엄마가 바깥 생활을 하니 애가 저 모양이라는 '해괴망측한' 편견에 시달릴 때도 괴롭긴 마찬가지다. 엄마의 회사 생활과 두 살 터울 동생의 탄생으로, 또래보다 이른 나이에 어린이집에 다니게 된 큰딸은 감사하게도 밥도 잘 먹고 친구들과도 사이좋게 지내는 착한 아이였다. 그러나 다른 엄마들 눈에는 그렇지 않았나 보다. 우연히 길거리에서 만난 같은 반 엄마 왈 "어유, 따님이 정말 밥을 잘 먹더라고요. 엄마의 사랑이 부족한 아이들이 그렇게 밥을 많이 먹는대요. 고아원 아이들이 밥을 잘 먹는 이유가 그 거래요." 그 엄마는 그저 내 딸이 어린이집에서 적응도 잘하고 밥도 잘 먹는다는 사실을 전해주고 싶었을 거다. 하지만 저도 모르게 워킹맘에 대한 편견이 비집고 나온 것이었으리라. 길을 가다 엉겁결에 린치를 당하다시피 한 나는 분하면서도 '진짜 그런 거 아닐까'라는 죄책감에 꽤 오랫동안 가슴앓이를 했던 기억이 있다.

비단 나뿐 아니라 회사를 다니면서 아이를 키우는 워킹맘은 예전에는 상상도 하지 못했던 별의별 일들을 마주하고 망연자실할 때가 많다. 아이를 제대로 돌보지 못하는 '불량 엄마'라는 낙인은 기본이고, 낮에는 멀쩡하다 밤부터 끓어오르는 열 때문에 아이를 둘러업고 응급실로 뛰어가기도 수차례다. 행여 입원이라도 하게 되면 아이 혼자 병원에 둘 수도 없고, 그렇다고 회사에 휴가를 내기는 눈치가 보여 미치고 팔짝 뛴다. 출장차 비행기를 타려는데 아이가 다쳤다는 전화를 받고 이도 저도 못하는 내 처지가 서러워 전화기를 붙잡고 울었던 기억도 있다. 그리고 그런 고비를 맞을 때마다 이번에야말로 정말 회사를 그만둬야 되나 진지하게 고민하며 날밤을 하얗게 지새우곤 했다.

그럼에도 불구하고 그때마다 회사를 다니겠다고 다시 마음을 다잡았던 가장 큰 이유는, 회사를 그만뒀을 때 얻는 가치보다 다녔을 때 얻는 가치가 더 크다고 판단했었기 때문이다. 그것이 돈이든 자아실현이든 그 무엇이든 말이다. 또 나 자신의 필요와 판단에 의해서 그만두는 것이 아니라 주변의 환경 때문에 억지로 떠밀리듯 그만둔다면, 나중에 그 대상에 대한 원망이 하늘을 찌를 것 같았다. 내가 내린 결정인데 나중에 누군가를 탓하며 억울해하는 못난 사람이 되고 싶지는 않았다. 그렇게 되지 않으려면 내가 진정으로 원할 때, 한 톨의 후회가 남지 않을 때까지는 다녀보자며 이를 악물었다.

십여 년이 지난 지금, 여전히 밥도 잘 먹고 조잘조잘 말도 잘하는 큰딸은 학급 회장을 맡을 정도로 씩씩하게 자라고 있다. 학기 말엔 학급 친구들이 뽑은 '모범적인 학생상'을 받아 행복하게 만들었다. 작은딸은 어디서나 인사를 잘하는 아이로 통한다. 청소 아주머니조차도 나와 마주치면 "어쩜 아이가 그리 인사를 밝고 예쁘게 하는지 모르겠다"며 칭찬이다. 감사하게도 작은딸 역시 친구들이 뽑은 모범적인 학생에 뽑혀 '이런 맛에 아이를 키우는구나' 감사한 마음이 절로 우러나게 한다.

두 딸은 나이를 먹어가면서 점점 더 서로에게 의지하며 크는 모양이다. 누울 자리 봐가면서 다리를 뻗는다고, 엄마가 바쁘니 잔소리하지 않아도 알아서 척척 제 할 일을 마친다. 엄마를 믿고 기다리다간 결국 아무것도 하지 못하고 학교에 가면 혼나게 될 것을 이미 몇 차례 경험으로 깨달았기 때문이리라. 심지어 큰딸은 내 사인을 나보다도 더 그럴듯하게 잘한다. 전화로 "엄마, 숙제 다하고 엄마

사인도 했어요"라고 보고를 하면, 나는 쿨하게 "그래 잘했다, 다른 것도 네가 알아서 다 사인해라"라고 대꾸한다. 이런 식이다 보니 요즘 한창 화두인 자기주도학습은 어쩔 수 없이 저도 모르게 몸으로 익혔다. 시험기간이면 자기들이 먼저 학습 스케줄을 짜고 그에 맞춰 알아서 문제집을 푼다. 친구들이 많이 푸는 문제집을 어깨너머로 보고 똑같은 것을 사오는 일도 아이들 몫이다. 동네 엄마들은 아이들이 야무져서 좋겠다고 하지만, 아마 우리 집 딸들은 이렇게라도 해야 살아남을 수 있다는 것을 터득했기 때문일 게다.

물론, 나도 다른 집 엄마들처럼 섬세하게 일일이 챙겨주지 못해 미안할 때가 한두 번이 아니다. 그렇지만 어쩌겠는가, 그게 '나'이고 우리 가족이 살아가는 방식인 것을. 후회하기보다는 그래도 사회 경험을 보다 많이 하고 있는 엄마로서 큰 그림을 그려주고자 노력한다. 왜 공부를 안 하는 것보다는 하는 게 좋은지, 왜 상대방을 배려하고 예의 바르게 대해야 하는지, 그래서 어떠한 사람이 되면 좋을지 등에 대해 끊임없이 주제를 던지고 이야기를 나눈다. 아이들이 종종 내 의견에 동의하지 않을지라도, 결코 윽박지르거나 가르치려 들지 않고 인내심을 갖고 끝까지 경청한다. 그리고 아이들이 생각의 가지를 계속 뻗어갈 수 있도록 최선을 다한다.

　큰딸이 초등학교 졸업을 앞둔 지금까지도 우리는 잠잘 시간이 되면 다 함께 침대에 눕는다. 나란히 누워 나는 오늘 회사에서는 무슨 일이 있었는지, 어떤 사람을 만났는지(그래서 우리 집 딸들은 우리 부서원 이름과 하는 일을 다 알고 있다) 얘기한다. 그러면 아이들도 학교에서 누구와 놀고 선생님과 어떤 수업을 했는지, 어떤 것이 재미있었고 어떤 것이 지루했는지 전해준다. 이 시간이, 종일 엄마와 집에 있는 것만큼 충분치는 않겠지만 그렇다고 모자라지도 않는 모양이다. 질풍노도와 같은 사춘기가 아직 오지 않은 까닭일 수도 있지만, 딸들은 여전히 나에게 "사랑해"라고 하루에 열두 번도 더 속삭여주고 "엄마가 매일 예쁜 옷을 입고 출근해서 좋아"라며 엄지손가락을 추켜올려준다. 얼마 전 작은딸은 "어른이 되어서 기자가 되는 것도 좋을 거 같아요"라며 수많은 장래희망 중에 '영광스럽게도' 내 직업을 추가해줬다. 그래도 내가 이 아이들이 성인이 됐을 때 따라 하고 싶은 사람 정도는 되나 보다 싶어 가슴이 따뜻해졌다.

　회사를 다니는 엄마를 두었다고 아이들이 더 모자라거나, 더 불행해지는 것은 결코 아닐 것이다. 아이의 행복과 불행이, 똑똑함과 모자람이 단지 엄마의 직업 유무에 따라 갈린다고 생각하는 것은 누가 봐도 지나친 일반화의 오류다. 슬프게도 엄마가 회사를 다니는 것 때문에 가족 모두가 불행하다고 여긴다면 회사를 때려치우는 것에 대해 재고의 여지조차 없다. 하지만 아직 그런 것도 아닌데 앞으로 그럴지도 모른다는 지레짐작으로 그 끈을 놓아버리지는 않았으면 좋겠다. 당시에는 죽을 것처럼 힘들고 숨쉬기조차 괴로웠던 사건들이 지나고 보면 기억조차 안 나는 경우가 많기 때문이다. 그리고 사표는 내가 마음먹었을 때 언제든지 낼 수 있는 카드다. 하지만 거두어들이기는 결코 쉽지 않으니 마지막 순간까지 꼭 쥐고 있는 게 현명하더라.

물먹은 자의 바람직한 자세

"미친 거 아니에요? 제가 왜 그 부서로 발령이 난 거죠?"

후배 권 기자는 체육부로 발령이 난 바로 그 순간부터 만나는 사람마다 붙잡고 하소연을 하기 시작했다. 입사 이후 사회부를 떠난 적이 없었던 권 기자는 야구 100만 관중 시대이지만 삼진아웃, 홈런, 추신수밖에 모를 정도로 야구에는 문외한이었다. 그런 그녀가 난데없이 체육부에 발령받았으니 황당하고 억울할 법도 했다. 그녀는 화장실에서도 "제가 언제 그 부서 가고 싶다고 한 적이 있나요? 누구 마음대로?", 커피 자판기 앞에서도 "자존심 상해서 더 이상 이 회사 못 다니겠어요!", 퇴근하면서도 "선배, 이번 건은 너무 부당해요. 제가 뭘 잘못했다고 이런 일이 벌어진 거죠?"라고 자신에게 일어난 이 부당한 처사에 대해 목소리를 높였다.

타사 후배 최 기자도 비슷했다. 대대적인 승진인사 다음 날 나에게까지 전화를 걸어 하소연을 했다.

"선배, 윤 부장 알죠? 글쎄 그 인간이 사장한테 뭐라고 말했는지, 저만 차장 꼬리표 못 달았어요. 동기들 중 두 명이 물먹었는데 그중 한 명이 나야. 창피해서 얼굴을 못 들겠어요."

급기야 "내일 아프다고 하고 쉴까요? 그러면 너무 티나나요?"라더니 "아니, 누가 알면 좀 어때. 사람들도 내가 얼마나 억울해하고 실망하는지 알아야 하지 않겠어요?"라며 실없는 자문자답을 했다.

인사철만 지나면 원치 않은 발령을 받거나 승진에 탈락한 이들의 불평불만이 쏟아진다. 이들에겐 인사가 만사(萬事)가 아니라 망사(亡事)를 넘어 참사(慘事)다. 나도 그랬다. 엉뚱한 부서에 발령을 받아 베갯잇을 적시며 울어도 봤고, 동기들보다 승진이 늦어 속앓이도 했다. '대체 나처럼 똑똑하고 일 잘하는 사람을 누가 음모했기에 이런 가당치도 않은 결과가 나왔을까', '내가 무슨 크나큰 해악을 끼쳤다고 이런 잔인한 일이 벌어진 걸까', '회사에 몸 바쳐 일한 결과가 고작 이거란 말인가', '나의 평가절하된 가치는 어떻게 하면 되찾을 수 있을까' 등 오만 가지 생각들로 억울해 미칠 것 같던 나 역시 만나는 사람들에게 우는소리를 했다. 이렇게라도 하지 않으면 속이 타 한 줌의 재가 되어버릴 것 같다는 절박감이 첫 번째 이유였고, 동시에 이 정도 '기름칠'을 해놔야 다음 인사에는 함부로 하지 않을 거라는 계산도 숨어있었다.

그런데 지나고 보니 '사람 마음이 다 내 마음 같지 않더라'는 말이 달리 나온 게 아니었다. 특히, 한 치 앞을 내다보지 못한 얄팍한 행동은 '내 다리 내가 꼰' 격으로 돌아왔다. 겉으로는 안타까워하고 위로해주는 척했지만, 속으로는 '네가 그럴 만하니까 그런 일을 당했지'라고 생각하는 경우가 훨씬 더 많다는 사실을 뒤늦게 깨닫고 깜짝 놀랐다. 정글보다 더 징글맞은 회사에서 순진하게 나의 감정을 미주알고주알 털어놓았다간 부메랑이 되어 내 뒤통수를 치기 십상이었다. 오히려 아무 말 안 하고 가만히 있었으면 모를 일을 괜히 내 입으로 동네방네 떠들어 흠집의 빌미를 제공하는 경우도 부지기수였다.

진정하고 주변을 둘러보라. 나보다 더 심한 대우를 당했는데 아무렇지 않은 척 담담히 있는 현명한 '여우'들이 훨씬 더 많다. 지난 연말 선배들과의 망년회가 있었다. 하늘처럼 높은 연차에 이미 한자리씩 꿰찬 선배들인지라, 애초에 나와는 '다른 별' 사람들이라고 생각했었다. 그런데 술자리가 길어지면서 나는 당황하기 시작했다. 그들이 원치 않은 자리에 가거나 승진에서 물먹었던 일을 추억 삼아 털어놓는데, 분명히 같은 시기에 같은 회사를 다녔건만 전혀 기억이 나지 않았다.

"내가 그때 엉뚱하게 온라인팀으로 발령받았잖아. 전례

가 없는 케이스여서 얼마나 기분이 나빴던지."

(그런 일이 우리 회사에서 벌어졌던가?)

"말도 마, 나는 오전에는 편집부, 오후에는 취재부를 오가는 생활을 했던 적도 있잖아!"

(말도 안 돼, 그런 일을 선배가 당했어?)

"내 말이, 난 연예부 사령장 잉크도 마르기 전에 축구장으로 끌려갔잖아."

(오잉, 이런 막무가내 인사가 있나.)

그들도 회사를 다니면서 부당한 일을 당했고, 몇몇 사건은 아직까지 상처로 남아 십수 년이 지난 지금까지도 안주 삼아 질근질근 씹어댈 정도였다. 하지만 당시에 주변에선 그들이 괴로워하거나 힘들어하는지 눈치채지 못했다. 그도 그럴 것이 그런 일을 당하고도 '어제와 같은 오늘처럼' 묵묵히 일을 했고, 누가 걱정이라도 할라치면 '내가 어때서? 왜? 괜찮은데?'라고 천연덕스럽게 응대했기 때문이다. 아, 이럴 수가. 내가 '하수'의 늪에서 허우적거릴 때 그들은 '고수'의 무림에서 다음을 기약하며 칼을 갈고 있었던 것이다. 아무렇지도 않은 척, 승진에서 미끄러진 게 아닌 척, 마치 내가 원해서 그 부서에 발령이 난 척.

사춘기 아들을 둔 친구가 있다. 요즘 어찌 지내느냐고 안부를 물었더니 의외로 잘 넘어가고 있단다. 사회적 이슈가 될 정도로 시끄러운 그 질풍노도의 시기를 어떻게 극복하고 있는지 궁금해서 비결을 물어봤더니 돌아오는 대답이 걸작이다.

"슬슬 성질을 내기에 '아들, 유치하게 왜 이래, 너 이미 사춘기 겪었잖아'라고 한마디 해줬지. 얘가 그 얘기를 듣더니 이미 자기는 사춘기를 겪었다고 생각하는지 별일 없이 넘어가더라고."

'공감 뉴런'은 이다지도 단순한 메커니즘에 근거한다. 내가 그런 척 하면 그런 것이 되는 것이고, 아닌 척 하면 아닌 것으로 이해되는 감정의 공명현상을 얼마나 똑똑하게 이용하느냐는 전적으로 나에게 달렸다. 나에게 벌어지는 일 자체를 통제할 수는 없지만 그 일을 받아들이는 방식은 컨트롤할 수 있음을 기억하자.

이미 붙어버린 인사배치 방, 떼어낼 수도 없는데 사사로운 감정을 소모해가며 굳이 약점을 만천하에 드러낼 필요는 없다. 당장 다음 날 사표를 낼 것이 아니라면 훗날을 기약하며 능력을 갈고닦고, 더는 뒤통수 맞지 않게 이런 사단이 난 원인을 조용히 알아보는 게 백만 배 유익하다. 아프고 인정하기 싫을 수도 있지만, 이 기회에 나에 대한 객관적인 평가가 어떠한지 눈과 귀를 열어보는 것도 좋겠다. 설령 사표를 내기로 결심했다 할지라도 나가는 뒷모습까지 아름다워야 다음 직장에서 아름답게 시작할 수 있는 것은 두말하면 입 아프다.

가끔은 생색내며 의리 야근에 동참하자

강 대리, 여태 뭐하다가 오후 5시만 되면 그때부터 자료를 찾고 거래처에 전화질인지 도무지 이해를 할 수가 없다.

안 과장, 자기가 기러기 아빠라고 우리 모두 기러기 떼가 되어야 하나, 집에 가봤자 밥 차려 줄 사람도 없어 외롭다며 일이나 더 하고 가겠단다.

이 팀장, 부원들이 늦게까지 사무실에 남아 으샤으샤 하는 모습을 보니 흐뭇하기 그지없단다. 팀장은 흐뭇할지 몰라도 난 벌써부터 온몸이 흐물거린다.

원치 않는 야근 때문에 괴로운 기억은 누구에게나 있다. 점심시간에는 행여 1초라도 늦을까 봐 칼같이 일어나는 사람들이 퇴근 시간에는 엉덩이를 의자와 합체했는지 미동도 않는다. 그 음습한 분위기 속에서 나 혼자 발랄하게 "저는 그럼 이만"이라며 자리를 박차고 나오기란 여간 강심장이 아니고서야 쉬운 일이 아니다. 나의 용맹함을 야근이라는 시험대 위에서 매일 테스트해야 하는 이 상황이 원망스럽다. 업무를 미처 마무리 짓지 못해서, 혹은 급하게 처리해야 할 일이 뒤늦게 생겨서 등 피치 못할 사정으로 야근을 하는 것이라면 어쩔 수 없다. 회사에서 매달 월급을 또박또박 통장에 꽂아주는 것은 이런 상황에서 잔말 말고 일하라는 뜻도 포함된 것이라는 선배들 말씀 따라 이왕 하는 거 즐겁게 하는 게 최선이다. 피하지 못하면 즐기라는 말은 이럴 때 쓰라고 있는 거다.

문제는 피할 수 '있을 것' 같은 야근이 문제다. 대체 강 대리, 안 과장, 이 팀장 때문에 내가 왜 억울하게 야근을 해야 하는가. 이런 사태가 벌어질까 봐 화장실 두 번 갈 것도 한 번으로 줄이며 쉼 없이 일을 했고, 집에는 오매불망 엄마 오기를 눈 빠지게 기다리는 아이들이 있단 말이다. 더구나 내 입장에선 야근을 한다고 흐뭇해질 이유가 하등 없다. 그러나 이럴 때마다 "제 할 일은 다했으니까 저는 가겠습니다"라든지 "모두들 수고하세요"라며 사라진다면 '세상에서 자기가 제일 잘난 줄 안다'는 뒷담화나 듣기 딱 좋다. 더 나아가 부서 분위기를 저해하는 원흉 취급을 당할 수 있다.

사실, 모든 야근에 '의리'를 외치며 동참할 필요는 없다. 하지만 적당히 쉽고 간단한 일이라면 아예 미리 야근을 함께하겠다고 선수를 치는 것도 한 방법이다. 순식간에 인정 많고 착한 선배 혹은 후배를 열심히 도와주는 천사로 격상된다. 이런 야근은 길게 할 필요도 없다. 한 시간 남짓 야근자 옆에서 추임새를 넣어주는 것만으로도 충분하다. 실제로 야근하는 사람 입장에서는 딱히 무슨 도움을 받아서가 아니라, 옆에서 누군가 함께한다는 것만으로도 심리적으로 위안이 된다. 이왕 하는 거 분위기 메이커 노릇까지 자처해준다면 확실히 존재감을 각인시킬 수 있다. 떡볶이나 과자 등 별것 아닌 간식거리를 대령하는 것만으로도 '센스가 폭발한다'는 평가가 쏟아질 것이다.

분위기가 슬슬 전원 야근으로 가닥이 잡혀가는데 퇴근 후 다른 약속이 있거나 도저히 동참하지 못할 혹은 죽어도 하기 싫은 상황이라면 미리 '밑밥'을 깔아놓는 것도 요령이다. "얼마 전에 영어 학원을 끊었는데, 첫날부터 빠지면 안 되겠죠"라든지, "오늘 남자 친구와 1,000일 되는 날이에요" 등 누가 봐도 그럴듯한 스케줄을 줄줄 읊는 거다. 제 할 일을 다 마쳤고 퇴근 후 합당한 스케줄까지 있다는 사람에게 억지 야근을 강요하는 경우는 드물다.

그럼에도 불구하고 야근을 할 수밖에 없는 상황이라면 그동안 기억 저편으로 미뤄뒀던 일을 하는 것이 정신 건강에 좋다. 온라인 쇼핑몰 장바구니에 가득 담아뒀던 옷가지들의 결제를 완료하고, 언젠가는 떠나게 될 여름휴가 계획을 세워 보는 것도 방법이다. 월말에 정산해야 할 영

수증도 이럴 때 미리 정리해두면 편하다. 행여 남들은 모두 일하는데 나만 놀고 있는 것 같다고 양심에 찔려 할 필요는 없다. 야근시간에 자판을 두드리는 소리보다 마우스 클릭 소리가 더 요란하게 울리는 것은 업무보단 인터넷 서핑이나 쇼핑에 집중하는 직원이 많다는 방증이다.

이렇게까지 시간을 흘려보냈는데도 다들 요지부동 앉아있다면 나중에 하려고 마음먹었던 자료를 정리한다든지, 완성도 부분에서 약간 미흡한 것 같아 마음에 걸렸던 보고서를 다시 한 번 다듬으며 발전의 자양분으로 삼는 수밖에 없다.

그래도 가장 좋은 것은 역시 야근 없이 제시간에 퇴근하는 것이다. 언제든 업무를 기한에 맞춰 확실히 마무리 짓는 사람이라는 인식을 심어놓았다면, 아무리 못된 상사일지라도 시시때때로 야근을 시킬 명분이 없어진다. 제아무리 트집을 잡아 야근을 시키려고 해도, 당장 대표에게 보고해도 손색이 없을 법한 보고서를 갖다 바치는데 어쩌겠는가.

다만, 아무리 완벽한 보고서를 준비했어도 상사가 야근을 시키려고 마음만 먹는다면, 세상에 온갖 요상한 이유를 갖다 붙여 야근을 시키는 건 어렵지 않을 터. 그러니 진작에 상사와 따뜻한 교감을 나누는 사이가 되어있어야 할 것이다.

머릿속 상황 설정,
시뮬레이션을 습관화하라

　광고영업팀 조 과장은 같은 부서 동기인 이 과장이 부러울 따름이다. 클라이언트를 앞에 두고 어찌나 능수능란하게 프레젠테이션을 하는지, 지켜보는 내내 '대단하다'는 감탄사가 절로 나온다. 자신 있게 내년 과제를 발표하는 모습은 동기가 봐도 멋지다. 중간중간 농담도 섞어가면서 보는 이들의 몰입도를 높이는 진행 솜씨는 고인이 된 애플의 스티브 잡스 못지않다. 업무나 자료 작성 능력은 별 차이가 없는 것 같은데, 평소에 윗사람이나 아랫사람 가릴 것 없이 유들유들하게 대화를 잘 이끌어가는 이 과장의 장점이 이럴 때 빛을 발하는 것 같아 샘도 난다.

　하지만 단언컨대 이 과장의 유창한 프레젠테이션 능력은 하루아침에 거저 길러진 것은 아닐 것이다. 회의를 이끌어가는 데 특출 난 감각이 있는 사람도 간혹 있지만, 태어날 때부터 아무것도 안 했는데 저절로 잘하는 사람은 없다. 아마도 이 과장은 그날의 프레젠테이션을 위해 남몰래 뒷방에서 수차례 시뮬레이션을 했음에 틀림없다. 치밀한 성격이라면 실제로 클라이언트들 앞에서 설명하는 것마냥 정장을 빼입고 손동작까지 연습했을지 모른다. 그렇게 했기에 무심한 듯 세련되고 유쾌한 프레젠테이션이 가능했을 것이다.

종종 〈용감한 기자들〉 녹화장을 찾는 나도 마찬가지다. 방송을 보면 아무렇게나 생각나는 대로 재미있는 말을 마구 던지는 것 같지만, 사실은 2주 전부터 주제에 맞춰 에피소드를 취재하고 원고를 완성한다. MC 신동엽이나 김정민, 김태현, 레이디제인 등 패널들의 예상 질문에 대한 답도 미리 준비해야 한다. 이때도 시뮬레이션이 필요하다. '어차피 내가 취재한 아이템이니 편하게 말하지 뭐'라는 마음으로 임했다가는 어김없이 NG가 난다. 그 상황을 그려보면서 내 입에 맞는 나의 언어로 연습을 수차례 해야 실제 녹화에 들어갔을 때 실수 없이 자연스럽게 임할 수 있다. 시뮬레이션을 여러 번 하다 보면, '이 지점에서는 한 템포 쉬어 사람들의 이목을 집중시켜야겠구나', '여기서 가벼운 농담을 하면 훨씬 이야기가 재밌어지겠구나' 하는 감이 생긴다. 이런 날은 스스로도 방송을 알차게 끝낸 것 같아 뿌듯하다.

조직에서 일하는 사람은 누구나 시뮬레이션 과정이 필요하다. 시뮬레이션은 프레젠테이션이나 방송 녹화처럼 무언가를 나서서 이야기할 때도 필요하지만, 매일 회사에서 업무를 진행할 때 더욱 제 값어치를 한다. '이 일이 진행됐을 때 어떤 일이 벌어지고 무슨 문제점이 야기될 수 있으며 그에 대비해 이런 것들을 준비해야겠구나'와 같은 커다란 로드맵이 그려지기 때문이다. 그저 무작정 눈앞에 닥친 일을 마무리 짓는 데 급급하다 보면 어느 순간 정신을 차렸을 때 일이 뜬금없이 산으로 올라가고 있거나 바다로 빠지고 있다는 것을 깨달을 수도 있다. 중간에 야기되는 문제에 대한 대처 능력이 떨어졌다면 이 역시 시뮬레이션을 제대로 해보지 않았기 때문일 가능성이 높다. 진행사항과 관련해 촘촘하게 그림을 그려보고 행여 발생할지도 모를 문제들을 예상하지 않았기 때문이다.

막상 사회에 나와 보면 회사에서 하는 일은 생각보다 난도가 그다지 높지 않다. 판검사나 의사, 교수 같은 전문직이 아니라면 사회생활의 대부분은 흔히 생각하는 상식의 가용 범위를 크게 벗어나지 않는다. 심지어 학교 다닐 때 머리 싸매고 죽도록 외우거나 이해하려고 했던 공부와 비교하면 너무 싱거워 '고작 이런 일을 하려고 그렇게 학교를 열심히 다녔나' 하는 허무한 생각마저 들 때가 있다. 그럼에도 불구하고 성과에서는 개인적 차이가 드러난다. 혹시, 당신은 매일 반복하는 일이라 만만히 보고 시뮬레이션을 하는 데 소홀히 한 것은 아닌가, 혹은 그저 그 사람의 타고난 화술 덕분이라고 쉽게 포기해버린 것은 아닌 가. 이 과장을 무턱대고 부러워하기 전에 맡은 일에 대해 진지하게 시뮬레이션을 해보라고 권하고 싶다. 그저 상상 하고 그려보는 것일 뿐이라 치부하기에는 결과물에 엄청 난 차이를 갖고 온다.

적성과 밥벌이 사이에서 길을 잃었다면

얼마 전 딸들과 요즘 인기몰이 중이라는 직업 체험학습장을 다녀왔다. 큰딸은 이것저것 다 해보더니 자기는 나중에 어른이 되어서 스튜어디스가 되겠단다. 이유인즉 비행기에서 사람을 돕는 게 보람있고, 스튜어디스의 유니폼이 제일 예쁘다나. 하지만 우리는 이미 직업 선택 시 훨씬 더 복잡다단하고 고차원적 요소들을 고려해야 한다는 사실을 잘 알고 있다. 당장 스튜어디스가 되려면 신체적인 조건도 맞아야 하고, 장시간 비행에서 견딜 수 있는 체력도 뒷받침되어야 하며, 승객의 편의를 중시하는 서비스 마인드도 갖춰야 한다. 그 밖에 회사의 재정구조는 탄탄한지, 월급은 얼마나 주는지, 복리후생은 잘되어 있는지, 전체적인 회사 분위기가 나와 맞는지 등도 주요 고려 사항이다.

그런데 이처럼 여러 요인을 심사숙고해 낙타가 바늘구멍 들어가기보다 힘들다는 취직에 성공하면 응당 '고생

끝, 행복 시작'이어야 하는데 현실은 녹록지 않다. 한 커리어 컨설팅 회사가 직장인 1,265명을 대상으로 직업만족도를 조사한 결과, 61%가 자신이 지금하고 있는 일이 천직이 아니라고 대답했다. 즉, 5명 중 3명이 만족스럽지 못한 직장 생활을 하고 있다는 설명이다. 이 같은 생각을 하게 되는 데는 여러 이유가 있겠지만, 그 수많은 것들 가운데 다름 아닌 '적성' 때문이라면 본인으로서도 굉장히 당혹스럽다. 자고로, 우리는 어렸을 때부터 적성에 맞는 일을 직업으로 삼아야 오래도록 행복하게 살 수 있다고 배웠다. 그런데 이 일이 내 적성에 맞지 않는다면 나는 현재 행복하지 않으며 앞으로도 행복하기 힘들다는 얘기 아닌가.

그나마 이런 고민을 입사 초년병 시절에 하면 다행이다. 이 정도 월급이나 복지, 기타 등등을 생각하면 나무랄데 없는 직장이라 생각하며 3, 4년을 넘게 다녔는데 뒤늦게 적성에 맞지 않는 것 같다고 깨달았을 때의 황망함이란. 적성에 맞지 않아 죽어도 못 다닐 정도라면 용감히 사표를 쓰고 다른 일을 찾으면 된다. 하지만 딱히 안 맞는 것도 아니고 똑 떨어지게 내 것이라고도 생각되지 않는, 불행하지는 않지만 행복한 것도 아니어서 불안하다면 괴롭기 그지없다. 대체 이런 상황에 적절한 해결책이 있기는 한 건지조차 의심스럽다.

:: CASE 1

대기업 입사 3년 차 인사과 사원. 대학생 때부터 홍보·
마케팅에 관심이 많아 전공도 언론정보학을 선택했다. 입
사 당시 홍보 파트에 가고 싶다는 의사를 피력했지만 인
사과에 발령을 받았다. 막상 일을 해보니 인사과도 보람
있고 재미있다. 생각지 못했던 매력도 느꼈다. 하지만 계
속 미련이 남는다. 원래 이 분야의 일을 하고 싶었던 것이
아닌데, 과연 이대로 괜찮은 것일까. 지금이라도 회사를
그만두고 원래 하고 싶었던 분야에 다시 도전해야 하는
게 아닌가 고민이다.

SOLUTION 1

그런 이유라면 현재 이 회사를 다니면서 다른 부서로의
이동을 노리는 게 답이 아닐까. 딱히 적성에 안 맞는 것
은 아니지만 원래 내 꿈이 아니었다는 이유로 회사를 그
만두기에는 위험 요소가 많다. 더 황당한 점은 이 모든 것
을 감수하고 새로운 회사, 원하는 부서에 가도 또 이와 비
슷한 고민을 하게 될지 모른다는 사실이다. 나이가 들면
서 성격이 바뀔 수 있는 것처럼 적성도 변할 수 있다. 그
리고 이런 이유로 새로운 회사에 취직했는데 다른 부서로
또 배치되지 말라는 법은 없다. 조직 안에서 타 부서 이동

은 흔히 있는 일이다. 그때마다 회사를 관둘 것이 아니라면 사표를 쓰는 일은 신중히 결정해야 한다.

:: CASE 2

5년 차 신문기자. 특종상도 여러 차례 타며 회사에서 능력을 인정받고 있다. 하지만 그녀의 꿈은 아나운서였다. 아나운서 최종 면접까지도 수차례 올랐지만 번번이 미역국을 마시고 좌절하던 차, 우연히 시험을 본 신문사에 떡하니 합격해 지금까지 기자 타이틀을 달고 있다. 하지만 그녀는 글로 생각을 표현하는 것보다 사람들 앞에 직접 나서는 게 적성에 맞는다는 생각을 지울 수 없다. 지금이라도 다시 아나운서 시험을 준비해야 하나 싶다.

SOLUTION 2

'원 소스 멀티 유즈(one source multi use)'는 여기서도 적용된다. 한 사람이 꼭 하나의 직업을 가져야 한다는 법은 없다. 주변을 둘러보라. 기자인데 방송에 출연하는 사람이 얼마나 많은지. 조금만 노력하면 브라운관에 얼굴을 내비칠 기회는 분명히 있다. 오히려 다양한 사건·사고들을 몸소 겪고 취재하는 기자이기 때문에 이를 잘 표현할 줄 안다면 아나운서 못지않게 방송에서 존재감을 발휘할 수 있다. '이것 아니면 저것'이라는 식의 이분법적 사고는 이제 촌스럽게 여겨지는 시대다. 이것도 하면서 저것도 할 수 있다는 사고의 유연성을 발휘한다면 길이 보일 것이다.

:: CASE 3

7년 차 홍보녀. 그동안 많은 사람을 만나면서 다양한 제품을 알리는 홍보가 정말 재미있었다. 그런데 하면 할수록 에너지가 고갈되는 느낌을 지울 수 없다. 결국 지난해 사표를 던지고 여행을 다니며 잠깐 휴식의 시간을 가졌다. 그 뒤 다른 일거리를 찾았지만 결국 홍보녀로 돌아왔다. 하지만 일을 다시 시작해도 역시 지치고, 이 길이 맞는 건지 모르겠다. 또 한번 용감하게 사표를 내고 다른 일을 찾는 게 나을지, 아님 그냥 꾹 참고 다니는 게 맞는지 고민이다.

SOLUTION 3

이런 자세라면 그만둬도 도돌이표다. 막연하게 일이 적성에 맞지 않는다고 생각할 뿐, 구체적으로 원하는 게 무엇인지 본인도 모른다. 사표를 내기 전에 진짜 내가 하고 싶은 일이 무엇인지 잘 생각해봐야 한다. 그리고 그것이 무엇인지 알게 됐다면 준비를 하고 나서야 한다. 그저 지치고 힘들다는 이유로 그만두면 내 손해다. 회사는 어디를 가나 지치고 힘든 구석이 존재한다. 적성에 딱 맞는 일을 해도 마찬가지다. 당신이 준비도 제대로 하지 않고 뛰쳐나갔다 들어오기만을 반복하는 동안 산전수전 다 겪은 동료들은 어느샌가 범접할 수 없는 프로가 되어있을 것이다.

다른 일을 해본 적 없이 신문기자만 17년 차라고 하면 다들 그 일이 적성에 딱인가 보다 하고 지레짐작한다. 가만히 되돌아보니 그런 점도 있고 아닌 점도 있다. 사람들과 만나서 그들의 생각과 이야기를 듣는 일은 언제나 흥미롭다. 세 시간 인터뷰를 해도 궁금한 게 쏟아지고 시간 가는 줄 모를 때면 나에게 기자는 천직이다 싶다. 반면, 장거리 이동하는 걸 끔찍하게 싫어하고 낯선 곳에 혼자 있을 때 극도로 긴장하는 걸 보면, 이런 성격에 기자를 참 오래도 한다 싶다. 하지만 이것 하나는 분명하다. 열심히 하다 보니 전문성이 생겼다. 그리고 안정성이 뒤따라왔다.

적성에 안 맞아 죽어도 못 하겠다 싶을 때는 이직이나 사표가 답일 수 있다. 모든 게 궁극적으로는 '잘 먹고 잘

살자'고 하는 일인데 내 영혼이 갈기갈기 찢기면서까지 꼭 그 일만을 해야 하는 법은 없다. '굶어 죽으나, 상처받아 죽으나' 마찬가지라는 생각이면 과감히 사표를 던지고 다른 일을 찾아보는 것도 한 방법이다. 하지만 그렇지 않다면 여러 가지 방법을 열어놓고 생각하는 게 맞다. 그리고 간과하기 쉬운 또 하나, 꼭 적성에 맞는다고 행복하고, 안 맞는다고 불행한 것은 아니다. 행복을 결정짓는 요소는 적성 말고도 많다. 행복이라는 게 그렇게 단순한 가치는 결코 아니다.

경력의 값어치를 먼저 따져라

"대체 누구 좋으라고 회사를 다니는지 모르겠어요."

한창 아이를 키우는 워킹맘들이 한숨을 내뱉으며 하는 이야기는 연령과 직업군을 떠나 대동소이하다. 하루가 다르게 쑥쑥 커가는 아이의 재롱이 눈에 밟히지만, 회사를 다니느라 마음껏 누리지도 못한다. 예쁜 짓도 한때라는데 막상 나는 내 자식의 다시 오지 않을 아름다운 시절을 기억하지 못하는 몹쓸 엄마가 된 것 같은 자책감에 빠진다. 이를 포기한 만큼 돈이라도 많이 벌어야 하는데 그렇지도 않은 것 같다. 힘들게 번 돈은 제대로 써보지도 못하고 월급 통장을 스쳐 지나가 나 대신 아기를 봐주는 베이비시터나 어머님께 안착한다.

둘째를 낳고 조리원에서 집으로 돌아온 첫날, 거실에서 젖을 물리고 있는데 이제까지 큰애를 봐주던 아주머니가 그만두겠다고 통보했다. 원래는 둘째까지 함께 돌봐주기로 했지만, 막상 겁도 나고 월급도 적다는 생각이 들었던 모양이다. 나는 새로운 아주머니를 구할 때까지만 기다려 달라 부탁하고 짐을 싸서 둘째와 함께 다시 조리원으로 돌아갈 수밖에 없었다. 신생아를 돌보는 것만으로도 몸이 부서질 것 같은데 이런 일까지 겹치니 벽만 바라봐도 눈물이 났다. 그래도 굳게 마음먹고 조리원에 앉아 사방팔방 구인 전화를 돌리고 온라인 게시판에 사연을 올린 끝에 간신히 새 아주머니를 구했다.

하지만 고생은 이걸로 끝이 아니었다. 힘들게 구한 아주머니는 신생아도 있는데 다른 집에 비해 월급이 적다고 계속 불만을 제기했고, 행여 그녀마저 떠날까 불안에 떨던 나는 당장 월급을 올려준 것은 물론 각종 선물공세를 퍼부었다. 돌이켜보니 아주머니 월급과, 회사를 다니느라 길바닥에 버리는 왕복 교통비를 합치면 내 월급은 남는 게 거의 없었던 것 같다.

패션 시계 회사의 홍보실 이 대리는 출산휴가 후 복직을 하면서 시어머니께 육아를 부탁드렸다. 모르는 사람에게 아기를 맡긴다는 게 영 불안했는데 마침 같은 아파트 앞 동에 살고 있는 시어머니가 용돈벌이도 할 겸 흔쾌히 아이를 길러주신다고 해서 얼마나 기뻤는지 모른다. 그러나 기쁨도 잠시, 시어머니의 짜증은 하늘을 찌르기 시작했다. 제아무리 눈에 넣어도 안 아플 손주라고 해도 일흔에 가까운 어머님이 돌보기엔 힘에 부쳤기 때문이다. 그러던 중 아이가 테이블에서 떨어져 크게 다치자 놀란 시어머니는 육아를 포기했고, 이 대리는 할 수 없이 지방에 계신 친정어머니에게 SOS를 쳤다. 결국 친정아버지를 홀로 남겨놓고 서울에 올라온 어머니는 말끝마다 "딸 때문에 생과부가 됐다"고 타박하는가 하면, 별것 아닌 일에도 이 대리에게 전화해 잔소리를 퍼부었다. 이 대리는 돈은 돈대로 쓰고, 구박은 구박대로 받는 이 현실이 너무 억울하고 속상하다며 울상이다.

이런 식의 에피소드들이 쌓이다 보면 누가 훈장을 주는 것도 아닌데 내 손이 아닌 다른 사람 손에 애를 맡겨가면서 계속 회사를 다녀야 하는지 의문이 들게 마련이다. 더구나 그맘때쯤 경력으로는 회사에서 버는 돈이나 아이를 돌봐주는 사람에게 주는 돈이나 거의 비슷한 경우가 많아 더욱 고민이 커진다. '회사를 다닌다고 딱히 돈이 남는 것도 아니고 가계에 보탬이 되는 것도 아닌 것 같은데, 이렇게 여러 사람 힘들게 하면서까지 회사를 다녀야 하나' 싶은 생각이 드는 것이다.

그러나 보육비에 대한 고민으로 퇴직을 고려 중이라면, 당신의 일이 단순히 육아 비용과 맞바꿀 수 있을 정도밖에 안 되는 '그저 그런 일'이었는지 물어보고 싶다. 회사 생활을 하다 보면 더 나은 미래를 위해 영어 학원을 다니기도 하고, 학력을 높이기 위해 야간 대학원에 진학하는

가 하면, MBA 과정을 등록하는 경우도 있다. 이런 과정에 필요한 수업료는 수백만 원에서 수천만 원이 훌쩍 넘는 게 보통이다. 자신의 경력을 쌓기 위해 수천만 원을 쓰는 데는 주저하지 않으면서 신기하게도 경력단절을 막기 위해 쓰는 보육비는 아까워하는 것은 무슨 이유일까.

물론, 내 손으로 내 아이를 키우면서 보다 양질의 교육과 교감을 나누고 싶다는 모성애적 욕구가 기저에 깔려있는 만큼 단순 가치 비교는 어렵다. 그렇다고 할지라도 많은 워킹맘들이 보육비 지출에 따른 손익에 대해서는 엄격한 잣대를 들이댄다. 이 고비를 넘기지 못하고 "아이가 어리니 회사를 그만두었다가 나중에 재취업하면 되지 않을까"라며 집에 들어앉았다가는 '그 나중이' 되어도 돌아오기 쉽지 않은 게 현실이다. 어느 경영진과 이야기를 나눠봐도 6개월 이상 쉬었던 사람에게 전과 동일한 업무를 맡기고 싶어 하는 경우는 없다. 설사 운 좋게 복귀하게 된들 이전 업무보다는 급여나 근무 조건, 복지 등 여러 가지면에서 떨어지는 것을 감수해야 한다. 최근 사회적으로도 경력단절녀, 일명 '경단녀'가 화제가 되면서 이들을 위한 일자리 창출이 기삿거리가 되었다. 이는 역설적으로 얼마나 많은 이들이 육아 등을 이유로 회사를 그만두고 있는지, 그리고 이후 이들의 재취업이 얼마나 힘든지를 방증한다.

엄마로서의 삶도 중요하지만, 그에 못지않게 한 인간으로서의 삶도 중요하다. 이 위기만 극복하면 아이들은 자라고 나의 경력은 계속 쌓이면서 어느 순간 인생의 대차대조표에서 손익분기점이 넘는 순간을 맞이하게 된다. 스쳐 지나가던 월급도 내 통장에 미미하게나마 흔적을 남긴다. 그리고 희망적인 것은 아이가 자라면서 스스로 할 수 있는 일이 많아지는 만큼 단순 양육자의 필요성은 점점 줄어들게 된다는 점이다. 당연히 그들에게 지출되는 비용도 줄어들고, 동시에 연차가 어느 정도 쌓인 나의 월급 통장은 두둑해지기 시작한다.

순간의 선택이 당신의 경력을 좌우한다. 전업주부로서 제2의 삶을 꾸려가는 것이 목적이 아닌 이상, 돈 때문에 '나중에 아이가 좀 크면 돌아오면 되지'라는 결심은 꼭 한 번 다시 생각해봐야 한다.

4.

제2외국어보다
어려운

직장 언어를
습득할 것

여자들의 상황설명, 그들에겐 변명일 뿐이다

"죄송해요, 수요일에 큰아들 학예회라 월차를 쓰면 안 될까요?"

"오는 목요일에 학부모 총회라 회사 좀 하루 쉬면 안 될까요?"

"다음 주 금요일에 이사하는데 반차를 쓰겠습니다."

참으로 공사다망한 여기자가 있었다. 유치원생 아들 둘을 키웠는데 어찌나 매일 동동거리며 회사를 다니는지 옆에서 보기 안타까울 지경이었다. 신기한 건 회사에 워킹맘이 그녀만 있는 것은 아니었는데, 유독 그녀네 집안은 일도 많고 탈도 많아 보였다. 집에서 전화도 어찌나 자주 오는지, 그녀는 업무 중에도 아들 숙제를 지시하고 준비물을 챙기느라 바쁜 모습이었다.

그런 그녀를 보노라면 결혼을 안 한 후배들은 그들대로, 애가 있는 여기자들은 또 그들대로 '아, 자녀가 조금 크면 저렇게 바쁘고 일이 많아지나 보다' 미루어 짐작하고 지레 겁을 먹지 않을 수 없었다. 그런데 그 집 아이들이 초등학교를 들어가고 중학교를 입학해도 그 분주함은 줄어들 기미가 보이지 않았다. 그녀는 여전히 동분서주하느라 바쁜 모습이었다. 그렇다고 그녀가 집안일 때문에 회사 일을 소홀히 하거나 그르치는 스타일은 아니었다. 워낙 꼼꼼하고 손과 머리가 빠른 사람이라 회사에서 완벽하게 일을 마무리 짓고 부리나케 집으로 뛰어가곤 했다. 이렇듯 항상 모든 일에 최선을 다하는 인물이었지만, 그럼에도 불구하고 그녀에 대한 주변의 평판은 그다지 좋지 못했다. 회사와 집 양쪽에서 '칭찬 스티커'를 무더기로 받아도 모자를 지경인데, 그 어느 쪽에서도 "대단하다"고 칭찬하거나 "수고했다"고 격려하지 않았다. 그보다는 "참 애쓴다"라며 안쓰럽게 여기거나, "작작 좀 하지"라며 불편해하는 눈치였다. 남자들은 그녀가 프로페셔널하지 못하다고 뒷담화를 했고, 여자들조차도 집안일이 그렇게 중요하면 회사를 다니지 말아야 한다고 손가락질했다. 그녀가 딱히 회사에 해를 끼치거나 일을 제대로 하지 못한 것도 아닌데 말이다.

사실 따지고 보면 이 모든 것은 그녀의 솔직하기 그지없는 언행 때문에 벌어진 일이다. 그녀는 수요일에 월차를 내야만 할 분명한 이유가 있다. 사랑하는 아들이 학예회를 한다는데, 가고 싶지 않은 엄마가 어디 있겠는가. 회사 사정만 허락한다면 월차가 아니라 월차 할아버지를 내고서라도 다른 학부모들과 함께 내 아이의 재롱을 보고 싶은 게 엄마 마음이다. 또 이사를 해본 사람은 알겠지만 집을 옮긴다는 게 어디 만만한 일인가. 아무리 이삿짐 센터에서 짐을 다 싸준다고는 해도 그 짐들을 어디에 놓을지, 어떻게 처리할지 관리 감독하는 것도 이만저만한 일이 아니다. 힘센 아빠도 필요하지만 그보다는 집안 돌아가는 사정을 빤히 다 아는 엄마가 더욱 필요하다. 하지만 그녀의 문제는 곧이곧대로 큰아들 학예회 때문에, 혹은 이사 때문에 쉬어야 한다고 회사에 밝혔던 것이다.

이럴 때 굳이 정직하게 디테일 돋는 설명을 할 필요가 없다. 그저 꼭 처리해야 할 일이 있어서 이날 월차를 냈으면 좋겠다는 말이면 된다. 학예회 때문에 회사를 하루 쉬겠다고 하면 상사가 "얼씨구나, 이런 착한 엄마를 봤나"라며 어깨를 두드려줄 줄 알았다. 이사 때문이라면 "아이고, 어여 집에 가서 이삿짐 싸는 것을 돕게나"라고 할 줄 알았나. 아닌 게 뻔한데 뭐하러 그들에게 솔직하게 일일이 얘기를 하는가. 상사가 남자면 '그런 거 다 챙기고 싶으면 집에 들어앉아야지'라고 생각할 수밖에 없을 것이고, 여자 상사여도 비슷하다. '나는 회사에 묶여 애들 얼굴 한 번 제대로 못 보고 집 청소 한 번 못하는 날이 많은데'라는 생각에 부아가 치밀 수 있다. 아니, 내가 내 자식

보고 싶어서 혹은 집안 대소사 때문에 직장인의 정당한 권리인 월차 하루 쓰겠다는 게 무슨 큰 죄라고 그렇게까지 숨겨야 하냐고? 그렇다. 앞으로 발생할 수많은 학부모 행사에 참석하고자 회사를 종종 빠질 것이 예상된다면 지금부터라도 말을 아끼는 편이 훨씬 현명하다.

아직까지 우리나라는 남자가 집안일로 월차를 내면 자상하기 그지없는 사랑스러운 아빠가 되지만, 엄마가 집안일로 회사를 하루 쉬겠다고 하면 정신머리를 집에 두고 온 여자가 된다. 집안일과 바깥일을 구분하지 못하는 아마추어 취급을 받는 것은 일순간이다. 억울하다고? 당연히 억울하다. 하지만 이 같은 상황은 본인이 선택한 것이다. 애를 낳지 않고 회사 일만 했으면 그렇게 눈치를 보면서 회사를 다닐 일이 많지 않았을 거다. 혹은 결혼하고 회사를 관두기만 했어도 그렇게까지 복잡한 상황에 맞닥뜨리지는 않았을 거다. 그러나 가정과 직장, 이 두 가지를 모두 해보겠다고 두 팔을 걷어붙인 것은 당신이다. 그게 자아실현을 위해서든 돈을 벌기 위해서든 어쨌든 그건 당신 사정인 거다. 그러기로 한 이상, 왜 내가 두 가지 일을 하느라 정신이 없는지에 대한 하소연은 남들에게 "네가 선택한 거잖아. 그래서 뭐 어쩌라고?"라는 대답만을 불러올 뿐이다.

그보다는 오히려 잔뜩 힘든 표정을 짓고 큰일이 있는

것처럼 신비감을 조성하는 정도에서 일을 처리하는 게 훨씬 유리하다. 구구절절 내가 엄마와 직장 두 마리 토끼를 잡기 위해서 얼마나 힘든지 설명해 봤자 구질구질해지기만 할 뿐이다. 아, 그리고 개인적인 전화는 사무실 밖에서 하자. 아무도 당신의 이야기에 귀 기울이지 않는 것 같지만, 사실은 모두 덤보 귀가 되어 무슨 꼬투리라도 잡으려고 펄럭펄럭 당신의 주변을 맴돌고 있다.

생색내기와 칭찬받기에 익숙해져라

"말도 마~"로 하루를 시작하는 옆자리 정 과장 때문에 대기업 홍보팀 이 과장은 머리가 지끈거린다. 회사 사람들 심지어 청소 아주머니까지 그의 출근 시간만큼은 모를 수가 없다. 그도 그럴 것이 문을 열고 들어오는 순간부터 누군가에게 줄기차게 휴대폰으로 자신의 어젯밤 일과를 카랑카랑한 목소리로 브리핑하기 때문. "막 자려고 하는데 모 일간지 기자가 전화를 한 거야"부터 시작해서 "그래서 내가 설명을 했지. 그건 이거고 저건 저거라고" 등. 자기가 누구와 밤새 무슨 대화를 나눴는지 미주알고주알 전하는데, 컴퓨터를 켜고 자판기 커피를 뽑아 자리에 앉는 그 순간까지 끊이질 않았다. 덕분에 같은 팀 동료들은 물론이고 마주하는 마케팅팀 팀원들까지 원하든 원치 않든 그의 전날 일과를 시시콜콜 알게 됐다. 하루도 빠지지 않고 휴대폰을 귀에 붙이고 들어오는 정 과장을 보며 이 과장은 급기야 '저 전화기가 사실은 귀에 붙어있는 거고

리가 아닐까, 아니면 자기가 자기에게 전화를 건 자작극이 아닐까?' 하는 의심의 눈초리를 보낼 지경이라고 털어놓았다.

비단 그뿐일까. 무슨 일을 하면 입부터 나불대는 사람이 꼭 있다. 이런 사람들 대부분은 자기가 '얼마나 죽을 고생을 하고 있는지'와 같은 비슷한 주제로 스타트를 끊어, '그 일이 진짜 힘들지만 자기가 애써서 이만큼이나 진행되었고 자기가 아니었으면 이런 결과는 어림도 없었을 것'이라는 대동소이한 마무리를 보이곤 한다. 그가 이야기하는 것을 자세히 귀 기울여 들어보면 회사를 다니는 사람이면 누구나 하는 일 그 이상인 경우는 드물다. 더 대단할 것도, 더 잘날 것도 없지만 그가 그렇게 매일 포장을 하고 떠벌림으로써 주변 사람들에게 그는 훌륭한 일을 하는 사람, 부지런한 사람, 밤잠 설쳐가면서까지 회사 일에 매진하는 사람이라는 인식이 심어진다.

그뿐이랴, 그 누가 봐도 힘들거나 불가능할 법한 일 앞에서도 뻔뻔하게 "그럼요, 잘할 수 있습니다. 믿고 맡겨주세요"라고 말하는 이들도 있다. 본인 역시 속으로는 잘하지 못할까 봐 걱정이 들지만, 상대방이 바라는 답을 예측하고 자신이 정말 뭔가를 아는 것처럼 허세를 부리는 것이다. 신기하게도 상사는 이들을 "안 될 걸요", "힘들 걸요", "못 할 걸요"라고 곧이곧대로 말하는 사람들보다는 훨씬 든든하다고 여긴다.

하지만 안타깝게도 이런 식의 생색내기에 능수능란한 여자는 흔치 않다. 남들이 먼저 알아주지도 않는데 내 입으로 성과를 말하자니 손발이 오그라들 것 같다며 울상이다. 또 제대로 할 수 있을지 없을지 모르는데 자신 있다고 말하는 것은 사기에 가깝다며 그러느니 차라리 혀를 깨물어 버리겠다고도 한다. 이런 여자들 가운데 몇몇은 누구처럼 하나를 열 개로 뺑튀기하지는 못할망정 자신이 힘들게 일구어낸 열 개의 성과를 하나로 줄여버리는 '기막힌' 재주를 부리기도 한다. 더 나아가 정당한 성과에 대한 칭찬에 극구 아니라고 손사래를 친다.

한 온라인 쇼핑몰의 마케터가 '가격 배틀'이라는 독특한 아이디어로 요즘 같은 불경기에 매출을 두 배 이상 올려 업계에서 화제가 됐던 적이 있다. 이 소식을 듣자마자 기쁜 마음에 축하 전화를 했지만, 뜻밖에도 그녀의 목소리에는 불편한 기색이 역력히 묻어났다. "멋지다, 어떻게 그런 아이디어를 낼 수 있었냐"는 나의 찬사가 떨어지기 무섭게 그녀는 "별것 아니에요, 누구나 생각할 수 있는 건데요"라며 자신의 아이디어를 평가절하하기 시작했다. 급기야 "아유, 어쩌다 운 좋게 얻어 걸린 거예요. 제 인생에 이런 날이 또 오겠어요"라며 '요상한' 마무리를 지었다. 비슷한 상황에서 남자들이라면 "감사합니다, 그렇게 인정해주시니 기분이 정말 좋네요"라며 당당하게 칭찬을 받아들였을 것이다. 그런데 여자들은 "뭘요, 그렇게 대단한 일도 아닌데요"라며 주변에서 치켜세워 주는데도 굳이 겸손의 미덕을 발휘한다.

잘 생각해보라. 상사가 "수고했네, 다들 칭찬이 자자하더군"이라고 했을 때 "감사합니다. 생각보다 어려운 점들이 있었지만 끝까지 잘 마칠 수 있어서 다행입니다"라고 말하면 업무의 성과가 더욱 빛나 보일 것이다. 뿐만 아니라 당신 덕분에 깔끔하게 마무리됐다는 인식까지 강하게 어필할 수 있다. 반대로 "별 말씀을요. 그렇게 대단한 것도 아니었는걸요"라고 낮추면, 내 성과는 말 그대로 '별 볼 일 없는 일'이 되어버린다. 일을 진행한 당사자가 대단한 것이 아니라는데 주변에서 굳이 멋지다고 엄지손가락 세워 줄 이유가 무엇인가. 올렸던 엄지손가락도 머쓱해서 내릴 판이다.

낯간지럽지만 '생색 잘 내기'와 '칭찬 잘 받기'도 조직 생활의 일부이다. 자신이 혹시 칭찬은 최대한 사양하고 성과는 최대한 감추려고만 하는 사람은 아닌지 곰곰이 되돌아봐야 한다. 그러다가 결국 성과는 최대한 사양되고 칭찬은 최대한 감춰지는 날과 마주하고 망연자실하게 될지도 모른다. 가만히 있으니 가마니가 되었다는 것은 쌀가게에만 내려오는 슬픈 전설이 아니다.

충성심 테스트에 말려들지 마라

고등학생 시절, 내 인생의 시험은 대학수학능력시험으로 끝날 줄 알았다. 하지만 웬걸, 대학에 오니 지겨운 중간고사, 기말고사가 또 기다리고 있었다. 이를 마치니 이젠 취직을 하기 위해 필요한 각종 시험들이 줄 서 있었다. 힘들게 취업에 성공했더니 으악, 회사에도 진급시험 등 각종 시험들이 존재한단다. '떡 하나 주면 안 잡아먹겠다'는 말을 믿고 떡을 줬더니 다음 고개에서 또 달라고 하고, 그다음 고개에서 또 달라고 하는 양심에 털 난 호랑이처럼 시험은 끊임없이 우리를 괴롭힌다. 그나마 중간, 기말, 수능, 진급시험처럼 눈에 보이고 준비할 수 있는 시험은 양반이다. 회사에서 비일비재로 일어나는 충성심 테스트는 시험인 줄도 몰랐는데 우리 곁에 다가왔다가 뒤통수를 후려갈기고 사라진다.

눈에 보이진 않지만 회사 생활에서 비중 있게 치러지는 충성심 테스트란, 상사가 자신의 권위를 드러내는 장치다. 주로 아랫사람에게 무리한 일을 요구함으로써 시험에 들게 한다. 뭐 이런 말도 안 되는 걸로 '간'을 보냐고? 충성심 테스트는 원래 이상할 수밖에 없다. 생각해보라, 100% 논리적인 일 따위로는 충성심이 검증되지 않기 때문이다.

불타는 금요일 저녁, 지겨운 한 주간이 끝나려면 고작 한 시간밖에 남지 않았다. 퇴근 후엔 친구들과 강남에서 제일 잘나간다는 클럽에서 오랜만에 스트레스를 풀기로 한 만큼 콧노래가 절로 난다. 이제나저제나 언제 퇴근할 수 있나 시계만 쳐다보고 있는데 날벼락이 떨어졌다. 부장이 월요일 오전까지 보고서를 제출하라는 것. 헉, 그 보고서를 작성하려면 불금은 고사하고 주말도 반납하고 사무실에 나와야 한다. 여기서, 그 보고서를 필요로 하는 이유가 고객이나 클라이언트와의 미팅을 위해서가 아니라, 부장 자신이 보고 싶기 때문이라고 한다면 이것은 충성심 테스트다. 왜냐하면 당장 필요한 것도 아닌데 상사가 보고 싶다는 이유만으로 주말에도 일하라는 것은 지극히 비상식적이고 비논리적이기 때문이다. 그러나 이렇게 이상한 요구를 어찌 대처하느냐를 보면 부하 직원의 충성도를 확인할 수 있다. "대체 왜? 자기가 필요해서 부하 직원을 주말에 나오게 하다니 상사라도 이건 못 참겠어"라며 입을 댓 발 내밀고 있거나 "그럴 필요가 있을까요?" 식으로

토를 달면 당신의 충성도 점수는 보나 마나다.

총무부에 새로 온 팀장이 어느 날 부서원들을 모아놓고 우리는 다른 팀보다 30분 일찍 출근하는 게 어떻겠느냐고 운을 뗐다. 남들보다 일찍 나와 조간을 일일이 훑어보고 스크랩을 해야 하는 홍보팀이나, 해외 지사와 연락을 주고받아야 하는 국제 마케팅팀도 아닌데 어째서? 딱히 일찍 출근할 이유가 없음에도 팀장은 의견을 굽히지 않았다. 이때 "출근 시간은 정해져 있는데 왜 일찍 나오라고 하십니까. 일만 잘하면 되는 거 아닌가요?"라고 한다면 당신은 용감할지는 몰라도 충성심 테스트에서는 빵점이다. 누구나 짐작 가능하듯 총무부가 30분 일찍 출근하는 것이 회사의 생산성을 높이는 데 중요한 역할을 하진 않는다. 엄밀히 말하면 총무부의 조기출근과 회사의 생산성은 아무런 상관관계가 없다. 하지만 이는 하나는 알고 둘은 모르는 소리다. 팀장이 직원을 일찍 출근시키려는 목적은 다른 곳에 있다. 자신에게 충성하는지 보려는 것이다.

충성심 테스트는 워낙 다양한 형태로 이뤄지기 때문에 '정상적이고 일반적인' 사람의 머리로 도저히 납득하기 어려울 때도 있다. 얼마 전에 스카우트되어 아직 새로운 회사 문화가 낯선 홍보녀 김 양은 회식 때마다 불만스러웠다. 그도 그럴 것이, 회식이면 매번 OO고깃집에만 가는데 어쩜 한 번의 예외도 없는지 신기할 정도라고. 그렇다고 그 고깃집이 딱히 회사에서 가깝거나, 특별히 맛이 있는 것도 아니었다. 분위기가 좋은 것은 더더욱 아니었다. 그런데 그 누구도 다른 고깃집에 가자고 하거나 다른 메뉴를 주장하지 않았다. 얼마 지나지 않아 그 이유를 알게 된 김 양은 황당함을 감출 수 없었다. 그 고깃집이 바로 상무님의 처가댁에서 운영하는 곳이기 때문이란다. "아무리 그래도 그렇지, 공산당도 아니고 부하 직원은 메뉴를 고를 자유도 없느냐"고 주장한다면 틀린 말은 아니다. 하지만 이 어처구니없는 회식 문화의 핵심은 스파게티냐 고깃집이냐의 문제가 아니라, 충성심을 보일 자세가 되었느냐 아니냐다.

이처럼 개인의 독립적인 의사 결정권을 빼앗거나 비논리적으로밖에 설명이 되지 않는 충성심 테스트는 우리를 황당하게 하고도 모자람이 없다. 그리고 이 같은 테스트 때문에 세상을 살아가면서 스스로 결정을 내리는 인간의 자유를 침해당한다고 생각하면 분노가 치밀어 오르기도 한다. 또 알량한 승리의 기회를 얻고자 인간의 기본적인 권리까지 포기해야 하는 자신이 너무 슬퍼 바닥 없는 자괴감에 빠지기도 한다.

그러나 회사에서의 솔직하고 당당한 태도는 자신감과 실력을 대변할 수 있을지는 모르겠지만, 안타깝게도 엄청난 손해를 불러올 때가 더 많다. "무조건 하겠다" 혹은

"반드시 해낼 수 있다"는 당당함은 상사에게 당신과 회사에 대한 충성심과 신뢰를 보여주는 것인 반면, "절대 안 된다", "할 수 없다"는 식의 당당함은 회사 생활의 발목을 잡는다.

충성심 테스트는 어찌 보면 게임의 일종이다. 이는 성과로 승패를 가르는 것이 아니라, 단순히 하느냐 마느냐로 이기고 지는 것이 갈린다. 게임의 룰을 안다면 대처법도 예상 외로 쉬울 수 있다. 월요일 아침까지 제출하라는 보고서는 그때까지 제출하기만 하면 된다. 여기서 일의 퀄리티는 주요 쟁점이 아니다. 당장 대표에게까지 올라간다고 해도 부족함이 없을 완벽한 보고서라면 더할 나위 없이 좋겠지만, 그렇지 않더라도 큰 문제가 되지 않는다. 단지 상사는 월요일 아침까지 보고서를 받느냐 마느냐의 여부만 중요할 뿐이다.

30분 일찍 출근하는 것도 억울하고 고되기는 하지만 때려죽여도 못 할 일은 아니다. 남들보다 이르게 출근하면 하루가 훨씬 여유로워진다. 출근길 정체도 피해서 올 수 있기 때문에 아침부터 짜증날 일도 없다. 고요한 사무실에서 30분씩 영어 공부를 해도 좋고, 우아하게 커피를 내려 마시면서 오늘 할 일을 정리해도 된다. 그리고 아마도 상사 본인이 힘들어서 30분 일찍 출근하기를 어느 순간 슬그머니 포기하게 될 가능성이 높다. 그때까지만 버티면 된다.

고깃집이 내 취향에 맞지 않더라도 회식 때는 참아주자. 1년 365일 고기만 먹어야 하는 것도 아니고, 스파게티나 월남쌈 등 맛있는 음식을 먹을 수 있는 분위기 좋은 곳은 애인이나 친구와 가면 된다. 오히려 예쁘고 좋은 곳을 내가 사랑하는 사람들이 아닌 칙칙한 부서원들과 간다고 생각하면 더 우울하지 않은가. 그리고 상무님의 처가댁이 분식집을 운영하는 것이 아닌 게 얼마나 다행인가, 이왕 간 거 맛있게 많이 먹고 오면 된다.

시도 때도 없이 시험에 들게 하는 충성심 테스트, "뭐 이런 말도 안 되는 일을 하라는 거야"라며 발끈하기 전에 출제자의 의도를 명확히 파악하도록 하자. 이것이 우리를 시험에 들게 하는 충성심 테스트라고 인지하지 못할 때가 문제지 알고 나면 별것 아닌 경우가 많다. 하지만 간과하면 안 되는 것은 우리 각자에겐 어떤 대가를 치르더라고 절대 넘어서는 안 될 선이 있다는 사실이다. 비도덕적이거나 불법적이거나 내 가치관과 어긋나는 일일 때는 아무리 '충성심 테스트 할아버지'라도 안 된다. 충성심 테스트라는 포장을 은근슬쩍 두르고 나를 시험에 들게 하려는 상사에겐 안 되는 이유를 분명히 말하고 대가를 치러야 한다. 당장은 불이익이 떨어질지라도 길게 보면 그게 백만 배 낫다. 어디까지가 경계선인지는 본인이 판단할 문제다. 그래서 어렵지만.

숟가락 얹는 상사에겐 전략이 필요하다

전혀 다른 직군에 있는 사람들과 수다를 떨다 보면 깜짝 놀랄 때가 있다. 우리 회사에 있는 나쁜 상사가 여기에도 있고 거기에도 있고 저기에도 있기 때문이다. 심지어 그들이 하는 유치찬란하고 못돼먹은 패턴이 어찌나 똑같은지. 나중에는 '느네 상사와 우리 상사가 알고 보니 한 핏줄을 나눈 형제가 아닐까'라며 생김새나 인적사항까지 따져 보는 웃지 못할 지경에 이른다. 도플갱어가 공포영화에만 등장하는 게 아니었다며 이들이야말로 진정한 도플갱어라고 고개를 주억거려보기도 한다.

병원 홍보실 김 차장, 온라인 마케터 강 대리, 대기업 광고사업국 류 과장 모두 자신이 한 일에 슬그머니 숟가락을 얹는 상사 때문에 원형탈모증까지 생겼다며 스트레스를 호소했다. 얼마 전 김 차장은 병마와 싸우느라 지친 환자들과 가족들에게 조금이나마 위안을 주고자 병원 로비에서 소규모 음악회를 개최하자고 상사에게 제안했다.

구청 오케스트라를 섭외하면 지역사회와의 상생도 꾀할 수 있고 병원 이미지 제고에도 도움이 되니, 여러모로 침체기에 빠진 병원에 좋은 기회가 될 것이라는 주장이었다. 괜히 시끄럽기만 하면 어쩌냐며 마뜩잖은 반응을 보이던 상사는 김 차장이 적극적으로 오케스트라를 섭외하고 예상 지출 내역 등을 정리하자 마지못해 본사에 보고를 했다. 병원 로비에서 열린 작은 음악회는 환자와 지역사회, 병원 모두 윈-윈(win-win)한 사례로 신문에 소개될 만큼 성공적이었다. 본사의 고위임원진들은 하나같이 이번 행사를 대단하게 여겼다. 문제는 이 같은 일련의 과정들이 김 차장이 아닌 상사의 공으로 돌아갔다는 사실. 알고 보니 상사는 김 차장과 함께하지 않은 본사와의 미팅에서 이 같은 아이디어를 애초에 낸 사람도, 구청 오케스트라를 섭외하느라 발바닥에 땀나게 뛰어다닌 것도 모두 자기라고 떠들고 다녔다.

강 대리도 비슷했다. 재출시되는 여성 의류 브랜드를 홍보하기 위해 강 대리는 회사 모델로 활동하는 아이돌을 활용해 소비자에게 감성 마케팅을 펼치자고 주장했다. 20대 여성을 타깃으로 하는 브랜드인 만큼 일정 금액 이상 구매한 고객에게 추첨을 통해 아이돌 모델과의 일일 전화 데이트를 선물하자는 것. 이 이벤트 역시 선풍적인 인기를 끌며 성황리에 마쳤다. 덕분에 매출은 지난달 대비 400%나

신장했다. 하지만 재주는 강 대리가 부리고 공은 상사가 가져갔다. 이 따위 전화 데이트에 누가 관심이나 두겠느냐며 구박하던 상사는 정작 신청자가 폭주하자 슬그머니 이런 아이디어가 요즘 트렌드임을 꿰뚫은 자기의 선견지명 덕분이라며 거들먹거렸다. 한발 더 나아가 사업부, 광고부, 총무부 등 모든 부서장들과의 회의에서 자기 덕분에 회사가 벌떡 일어섰다는 흰소리를 하고 다녔다.

류 과장도 자신이 공들여 만든 보고서를 자신의 이름으로 바꿔 본부에 보고하는 상사 때문에 미치고 팔짝 뛸 지경이다. 류 과장은 자기 부서에서 이룬 성과를 거의 묵직한 책으로 묶다시피 해서 매달 본부에 전달했다. 다른 행정 책임자들은 3, 4페이지의 보고서를 내는 게 고작이라 그녀의 업무 실적은 당연히 빛나 보였다. 문제는 본사의 고위임원진들이 하나같이 이 같은 실적을 낸 것이 바로 류 과장이 아니라 그녀의 상사라고 생각하는 것. 그는 그저 보고서에 기재된 류 과장의 이름을 자기 이름으로 바꾸는 수고밖에 하지 않았는데 말이다.

어쩜 한날한시에 모여 약속이나 한 듯 부하 직원의 공을 뺏는 A to Z 스타일이 똑같은지. 엄밀히 말하면 조직의 수직적인 상하관계 특성상 상사는 자기 밑의 직원들이 하는 모든 일에 책임과 권한을 가질 수 있다. 직원은 상사에게 보고를 올리기 때문에 그들이 한 일에 대한 책임은 상사에게 있고, 따라서 상사는 자신이 했다고 주장할 권리가 있다는 식의 논리를 편다면 딱히 반박할 길이 없다. 이때 "제가 기획한(혹은 작성한) 이벤트(혹은 보고서)를 부장님이 한 것처럼 위장해서 보낸 거잖아요. 이건 불공평해요"라고 대들었다간 그렇지 않아도 암울한 앞날이 더욱 깜깜해질 뿐이다. 이런 정공법은 그렇지 않아도 소심한 상사를 불안하게 만들 뿐 아니라, 그의 위계서열 내 위치에 대한 위협적인 행동으로 여겨질 수 있다. 이는 당신의 공을 가로채 가는 정도를 점점 더 심하게 만들 뿐이다.

그렇다고 언제까지나 눈 뜨고 코 베이는 상황에 "임금님 귀는 당나귀 귀"를 외칠 수 있는 대나무 밭만 찾아 헤매며 살아야 할까. 이러다간 원형탈모가 아니라 대머리가 되는 것도 순간이라 판단된다면, 협력하는 뉘앙스의 말을 흘리는 것이 한 방법이다. "부장님을 십분 이해하지만"으로 시작해, "저의 이름도 알리고 부장님도 조금 더 수월하게 일할 수 있는 방법이 있지 않을까요?"와 같은 식으로 말이다.

물론 쉽지 않다. 이런 말귀를 알아먹을 상사였으면 이 지경까지 오지도 않았을 것이라고 반박할 수도 있다. 가장 최악의 경우는 상사가 자신의 공을 가로챘는데 어떠한 방법으로도 보상받을 길이 전혀 없을 것 같다는 강력한 느낌이 들 때다. 이럴 때는 당신이 받아 마땅한 보상을 얻도록 치밀하고도 세심한 전략을 짜야 한다. 예를 들면, 부장보다 더 높은 상사, 혹은 조직 내의 막후 실력자에게 말을 흘리는 거다. 화장실 앞에서 자연스럽게 만난 듯 "저희 부서에서 제안한 내용을 마음에 들어 하셨다고 하던데, 사실 이와 관련해 아이디어를 짜고 시장 조사를 하느라 고생을 많이 했습니다"라고 하거나, 엘리베이터를 기다리다가 "이번 행사와 관련해 제가 정리를 했는데 내용이 괜찮았나요?" 식으로 명확히 사건 진행의 주체와 진행 상황을 전달하는 거다.

이 역시 위험 부담은 있다. 누가 옆에서 보고 듣고 사건을 왜곡할 가능성도 있고, 정작 보고를 받은 상사가 정확한 진행 사항을 파악하지 못하는 불행한 사태가 벌어질 수도 있다. 그러나 이미 상사의 횡포에 시달릴 대로 시달리고 아무런 인정도 받지 못한다는 피해의식에 쩔어 있는 상황이라면 시도해볼 만하지 않은가. 더 이상 바닥을 칠 것도 없으니 말이다. 끙끙 앓다가 대머리가 되면 나만 손해다. 의도대로 잘만 풀리면 그동안 억울함에 보상을 받을 수 있으니 이보다 더한 기쁨은 없을 거다.

그나마 한줄기 위안이라면, 앞서 말했듯 그런 상사가 우리 회사에만 있는 것은 아니라는 사실이다. 직장인이라면 누구나 겪는 일이니 그의 안쓰러운 행보를 안타까운 눈길로 바라봐주는 내공을 기르는 것도 한 방법이다.

연인과 연애하듯
상사와 끊임없이 속삭여라

여자는 남자가 자기의 마음을 몰라준다며 속상해한다.

"대체 왜 모르는지 모르겠어요. 그걸 유치하게 내 입으로 콕 집어서 얘기를 해줘야 하나요?"

울분을 토하는 여자 앞에서 남자는 황당해 죽겠다는 표정이다.

"아니, 말을 안 해주는데 어찌 알아요. 내가 점쟁이도 아니고, 생각을 읽는 초능력자도 아니고."

여자 딴에는 그가 눈치챌 수 있을 만큼 충분한 사인을 보냈다지만, 남자는 '네가 더그아웃에 서있는 야구 감독이냐, 대체 어떤 사인을 보냈단 말이더냐'며 억울하다는 입장이다.

뜨거운 연애 중일 때, 누구나 이런 경험이 있으리라. 하긴 결혼생활 10년을 넘긴 나 역시 지금까지 나아진 게 별로 없다만. 내 딴에는 있는 패 없는 패 다 보여줬는데 정작 상대방은 내가 무슨 패를 들고 있는지조차 모를 때가 있다. 오해와 불신은 소통의 부재에서 시작된다. 이 같은 상황은 비단 남녀 간의 연애사에만 국한되는 게 아니다. 오히려 부하 직원과 상사 간에 더욱 크게 작용한다.

온라인 마케팅팀 소속 신 과장은 요즘 들어 자기를 바라보는 팀장의 눈빛이 곱지 않다는 것을 느끼고 등줄기가 서늘해졌다. 하지만 딱히 실수한 일도 없고, 맡은 프로젝트도 무난하게 잘 진행되고 있었기에 '내가 신경이 예민해졌나 보다. 별것 아니겠지'라고 가볍게 넘겼다. 그러던 어느 날 팀장이 지나가며 던진 한마디에 화들짝 놀랐다.

"지난번 얘기한 프로젝트는 어찌 되고 있나? 내 말이 말 같지 않나, 나 원 참."

'헉, 이게 무슨 날벼락인가. 별일이 없으니 얘기를 안 했을 뿐인데 그게 왜 문제인가.'

여기서도 두 사람 사이의 온도 차가 확연히 드러난다. 신 과장은 무슨 문제가 있으면 중간에 당연히 의논을 했겠지만, 별다른 특이사항이 없어 아무 말 안 했을 뿐인데 '보면 모르냐'고 팔짝팔짝 뛰었다. 하지만 팀장의 견해는 다르다. 일을 하라고 던져놓았는데 신 과장이 꿀 먹은 벙어리마냥 전혀 피드백을 주지 않으니, 대체 그녀가 이 일을 찜 쩌 먹는지 기름에 튀겨 먹는지 알 수가 없었던 것이다.

광고국 문 차장은 아직도 그때 그 일만 생각하면 자다가도 벌떡 일어날 정도로 열불이 난다. 오랜 경기 침체로 회사의 광고 수익이 예전만 못하자 직원 모두 불안감을 느끼고 광고 수주에 열을 올렸다. 그 역시 자기가 아는 모든 인맥을 동원해 광고를 하나라도 더 따내려고 안간힘을 썼다. 하지만 모두들 회사 사정이 좋지 않다며 손사래를 쳐 새로운 클라이언트를 확보하는 데 실패했다. 그나마 위안이라면 동기이자 앞자리에 똬리를 틀고 앉아있는 정 차장도 광고 수주를 한 건도 하지 못했다는 사실. 그런데 웬일인가. 윗사람들이 바라보는 문 차장과 정 차장의 평가는 180도 달랐다. 정 차장은 밤잠도 못 자고 회사를 위해서 자기 몸을 불살라가며 최선을 다했음에도 불구하고 '안타깝게도' 일을 따내지 못한 인물이 된 데 반해, 문 차장은 회사 일에 별 의욕도 없고 어떠한 노력도 하지 않은 게으르고 몹쓸 사람이 되어있었던 것.

무엇이 문제였을까. 정 차장은 '부지런하게도' 중간 과정을 일일이 상사에게 보고했다. 오늘은 A그룹 마케팅 팀장을 만날 작정이다, 내일은 B회사 홍보 이사와 술 약속이 있다, 모레는 C그룹 광고국과 미팅을 잡아놨다 등등. 문 차장 역시 별다를 것 없는 일정을 소화했지만 그녀는 상사에게 한마디 뻥긋하지 않았다. 어련히 상사가 알아줄 것이라 생각했기 때문이다.

"매일 전화기 붙잡고 있는 거 보면 모르나요? 이런 시국에 제가 퇴근을 해도 한 사람이라도 더 만나 설득하러 가지 뻔뻔하게 그냥 집에 갔겠어요?"

아이고 어쩌나, 그건 문 차장 혼자만의 생각일 뿐이다. 말해주지 않으면 상사는 알 길이 없다. 매일 사랑을 속삭이는 연인도 직접 얘기해주지 않으면 모른다는데, 하물며 사랑 언저리에도 없는 상사에게 말 한마디 하지 않고 나의 마음을 알아달라고 하는 것은 부당하다 못해 부적절하다.

수다라면 이골이 난 나도 부장 앞에만 서면 이루 말할 수 없이 과묵해진다. 다음 날 이어질 취재원과의 활기찬 수다를 위하여 퇴근하면 모과차를 마시는 것은 물론, 목수건을 두르고 목 관리에 만전을 기할 정도인데 이상하게도 부장과 마주하면 꿀 먹은 벙어리가 된다. 신 과장이나 문 차장처럼 중간 과정에 대한 보고라도 할라치면 한없이 초라해지는 것 같다. '이게 잘될지 안될지 아직 모르는데, 섣불리 지금 얘기하는 게 맞나'라는 생각에 '마무리 되면 보고하자'고 내 선에서 자체 검열하기 일쑤다.

25년 차 한 선배가 말씀하셨다.

"으이구, 이 바보야, 네가 중간 보고를 하면 그 일이 어그러져도 '쟤가 노력을 했는데 안 됐구나'가 되지만, 그나마도 얘기를 안 하면 너는 '노력도 안 한 애'가 되는 거야. 오늘부터라도 '팀장이 내 남편이다, 그게 무리면 내 아들이다'쯤으로 생각하고 조곤조곤 떠들어주려무나."

에휴, 회사에서 17년을 굴러먹었는데도 갈 길이 멀다.

우리의 낮은 당신의 밤보다 아름답다

1996년이던가, 〈우리의 밤은 당신의 낮보다 아름답다〉라는 감각적인 제목의 노래가 많은 이들의 사랑을 받았다. 대체 그들은 어두컴컴한 밤에 무슨 짓을 하기에 우리의 환한 대낮보다 아름답다고 우기는 걸까? 두근두근 썸 타는 마음이 어떤 것이었는지 기억도 가물가물한 워킹맘의 경우엔 반대가 되겠다.

'우리의 낮은 당신의 밤보다 아름답다'

직장 여성은 결혼을 하고 아이를 낳으면서 '워킹맘'으로 불린다. 똑같은 사람인데 다른 타이틀이 주어지는 것은 다 이유가 있다. 평범한 직장 여성이었을 때는 감히 상상도 하지 못했던 수많은 일들이 내 눈앞에 총천연색 파노라마처럼 펼쳐지기 때문. 그 수많은 변화들 중 가장 먼저 달라지는 점은 종달새처럼 자유롭던 저녁 시간에 쇠창살이 내려진다는 거다.

직장 여성의 큰 전환점은 결혼이라기보다 엄마가 되면

서부터다. 엄마가 아닌 한 남자의 아내이기만 할 땐, 밤마실이 불편하기는 해도 불가능하지는 않다. 하지만 한아이의 엄마가 되면 상황이 달라진다. 엄마들의 야간 활동을 금지한다는 법은 그 어디에도 없지만, 엄마는 누가 시킨 것도 아닌데 밤에 약속 잡는 것을 꺼리게 된다. 아니, 꺼릴 수밖에 없다. 퇴근을 목 빠지게 기다리고 있을 내 자식에게 한시라도 빨리 돌아가고 싶고, 베이비시터든 친정 엄마든 나를 대신하는 양육자와 재빨리 배턴터치를 해주어야 한다. 내가 하루 종일 사무실에서 들볶여 파김치가 된 것은 논외로 하자. 그러다 보니 대한민국에서 공공연히 제2의 업무시간으로 여겨지는 퇴근 후의 시간이란 워킹맘에겐 미션 임파서블이다. 행여 승진에서 미끄러지거나 남들 다 아는 회사 내 소식을 처음 접할 때 워킹맘은 저도 모르게 제일 먼저 소홀할 수밖에 없었던 저녁 시간을 탓하게 된다. 이 때문에 조직에서 나만 왕따를 당하고 있다는 자괴감, 뭔지 모르게 뒤처지고 있다는 불안감은 두고두고 검은 그림자처럼 떨어지지 않는다. '내가 너희들처럼 저녁 모임에 맘 편히 나갈 수만 있어도, 술만 마셨어도, 회식만 참석했어도!'와 같은 아쉬움과 함께.

사실 이와 같은 상황이 워킹맘에게만 일어나는 것은 아니다. 저마다 퇴근 후의 시간을 '회사를 위해' 보낼 수 없는 나름의 사정과 이유가 있을 터. 대신 이들에겐 남들의 화려했던 밤 시간을 만회할 차별화 전략을 갖출 필요가 있다. 밤에 주로 이뤄지는 일들은 네트워킹과 정보 공유를 위한 자리인 경우가 많다. 흔들리는 불빛에 곤드레만드레 감성이 폭발하는 밤 기운만큼은 아니지만, 밝은 대낮에 또렷한 정신으로도 충분히 사람의 마음을 사로잡을 수 있다.

일도 잘하고 싹싹하기로 소문난 옆 부서 후배는 SNS를 100% 활용한다. 회사 사람들은 물론 업무 관계자들과 모두 사이버 친구를 맺어 굳이 오프라인에서 만나지 않아도 그들의 동향을 빠삭하게 꿰고 있다. 그들의 게시글에 애정 어린 댓글을 남기는 것은 기본이다. 딱히 무슨 일이 있지 않아도 '오늘 날씨 정말 좋아요, 행복한 하루 보내세요'라는 문자나 '정말 졸릴 시간이네요. 시원한 커피 한 잔!'이라며 소액의 커피 상품권을 종종 보내 '센스 넘친다'는 소리를 듣는다. 별것 아닌 마음 씀씀이 같아도 받는 사람 입장에선 큰 감동이 될 수도 있고, 세심하고 배려 있는 사람으로 기억될 소지도 높아진다.

또 다른 후배는 생일이나 빼빼로 데이 등 각종 기념일을 잊지 않고 챙긴다. 낯간지럽게 뭐 하는 짓이냐고 타박할 수도 있겠다. 하지만 사람이란 어찌나 간사한 동물인지 누가 나를 일부러 챙겨준다는데 죽어도 싫다고 마다할 리 만무하다. 대단한 뇌물을 갖다 바치라는 게 아니다. 그저 5천 원짜리 사탕 한 봉지, 케이크 한 조각에 생일 축하 노래로도 충분히 사람의 마음을 적실 수 있다.

남들 시선이 무서워서 못 하겠다고? 하하, 걱정 마시라. 그들은 밤에 상사나 클라이언트의 돼지 먹따는 노랫소리에 "브라보!"를 외치고, '인간 떡'이 된 그들을 집 앞 현관까지 데려다 주는 위인들이다. 그에 비하면 이는 귀엽고 정감 넘치는 애교 수준이다. 그리고 아무리 나의 낮을 아름답게 꾸미는 게 중요하더라도 열 번의 저녁 회식에 세 번 정도는 참석하자. 매번 이런저런 이유와 핑계를 대고 빠지는 직원을 무조건적으로 이해할 상사를 찾기는 어렵다. 너 죽고 나 죽자는 3차까지 갈 필요는 없지만 현명하게 타협점을 찾아가는 것도 필요하다. 그래서 나는 회식에 참석할 땐 가방 없이 빈손으로 털레털레 따라간다. 주머니에 신용카드와 만 원 몇 장을 꼬깃꼬깃 넣어서. 그래야 그네들이 정신이 혼미해질 2차 노래방의 어느 매쯤 화장실에 가는 척 하고 나와 가벼운 몸으로 집에 가는 택시를 잡아탈 수 있기에.

사내 소문에 대처하는 법

"헐, 그녀가 승승장구하는 비결이 바로 '몸로비'라면서
요?"

어느 날 홍보녀 한 명이 은밀하게 속삭였다. 요즘 연일
화제가 되고 있는 모 이사와 관련된 '카더라 통신'을 들었
냐는 얘기였다. 한 편의 막장 드라마를 방불케 하는 기승
전결이 나름 그럴듯했다. 다들 아니 땐 굴뚝에 연기가 나
겠느냐며 믿고 싶어하는 눈치였다. 프랑스 철학자 시몬
드 보부아르는 '우리는 귓속말로 들은 것을 가장 쉽게 믿
는다'고 말했다. 입에서 입으로 퍼져 나가는 대부분의 사
내 루머는 가히 LTE급이라 대부분 당사자들의 귀에 그
소문이 들어갔을 때는 손쓸 새도 없이 퍼지고 난 뒤다. 이
럴 땐 부모님을 걸고 하늘에 맹세컨대 아니라고 펄쩍펄쩍
뛰는 게 옳은 것인지, 아니면 결국 언젠가는 잠잠해질 터
이니 가만히 놔두는 게 맞는 것인지 헷갈리기만 한다.

그녀는 입사할 때부터 관심의 대상이었다. 커다란 눈망울과 찰랑거리는 긴 생머리는 흡사 순정만화 주인공을 방불케 했다. 업계 관계자들마다 그녀에게 호감을 보이는 사람들로 넘쳐났다. 그러던 중 그녀가 술자리에서 상무의 자동차를 같이 타고 어디론가 사라졌다는 목격담이 하나둘 나오기 시작했다. 더불어 그녀가 얼마 전 '새로운 애마'라고 자랑한 자동차가 바로 그 상무가 뽑아준 것이라는 소문이 돌기 시작했다. 급기야 동기들 중 가장 빨리 승진을 하게 된 것도 '침대에서' 그녀가 상무에게 힘을 써달라고 졸랐기 때문이라는 이야기까지 들렸다.

SOLUTION 1

여성의 성(性)적인 부분이 부각된 루머만큼 사람들의 눈과 귀를 뜨겁게 사로잡는 것이 있을까. 대부분의 소문은 시간이 흐르면 사그라지기 마련이지만, 성 관련 루머는 사그라졌다가도 기어 나오고 꺼졌다가도 불이 붙는다. 사실이 아니라면 초반에 확실히 단속을 해야 한다.

그녀는 소문을 실실 흘리는 사람들 앞에서 "내가 그 사람과 침대에 있는 것을 보았느냐, 아니면 입 닥치라"고 경고의 메시지를 날렸다. 그리고 "그날 상무님 자동차를 탄 것은 집 방향이 같았기 때문"이라며 최후 목격자인 경비 아저씨의 증언을 들이밀었다. "자동차는 그동안 적금 부은 것을 깨서 샀다"며 통장 사본과 증빙 자료도 제시했다. 그녀의 당당하고 날 선 대처법 역시 업계에 순식간에 퍼졌다. 그래도 그녀가 이 같은 스캔들의 주인공이었다는 사실은 꽤나 오랫동안 꼬리표처럼 따라다녔다. 그녀가 앞으로 사회생활을 계속할 생각이라면 이 기회에 자신의 행동이 조직에 반감을 불러일으킬 만한 것은 아니었는지 점검해볼 필요는 분명히 있다.

:: CASE 2

부산이 고향인 그녀는 일식집에서 가진 부서 첫 회식 날을 잊을 수 없다. 바닷가에서 자랐으니 생선회에 대해 알려달라는 선배들의 요청에 농담 삼아 "아버지가 큰 배만 갖고 계셔서 잘 몰라요"라고 한 것이 "선박 회사 딸이라 고급만 안다"로 와전됐다. 그 뒤로 선배들이 "부잣집 딸이 이런 회사 다녀도 되겠느냐", "배 몇 척 팔면 회사 오너 되는 거 아니냐"고 빈정거릴 때마다 억울하고 답답하기만 했다.

SOLUTION 2

사실이 아니라면 언젠가는 밝혀질 일이니 그다지 걱정하지 않아도 된다. 다만 친한 동기나 선배들에게 적극적으로 진실을 알린다면 괴로움의 시간이 좀 더 짧아질 수는 있겠다. 그리고 다음부터는 농담도 사람 가려가면서 하자. 웃자고 한 말에 죽자고 덤비는 사람들이 꼭 있다.

∷ CASE 3

"결코 내 스타일도 아닌데, 왜 그 남자 선배와 사귄다는 소문이 퍼졌을까요?" 어느 날 자고 일어나 회사에 와보니 그녀는 사내 커플의 한 명으로 오해를 받고 있었다. 회사에서는 사내 커플을 사규로 엄격히 금지한다. 행여 헛소문 때문에 인사상 불이익을 당할까 걱정도 된다. 더 우려되는 점은 이 같은 소문을 전해 듣게 될 남자 선배의 반응이다. 대체 왜 이 같은 일이 생겼느냐고 화를 낼까 무섭다.

SOLUTION 3

가까운 사람의 입을 빌리는 수밖에 없다. 그들의 입을 통해 진실을 퍼뜨리도록 하자. 직접 나서서 아니라고 했다가는 자칫 더 큰 오해를 불러일으킬 수 있다. 사실이 아닌 루머는 보통 유효기간이 짧다. 지나치게 심각하게 받아들이거나 적대감을 갖고 대하기보다는 유연하게 대처해 소문을 낸 상대방으로 하여금 미안한 마음을 갖게 만드는 것도 한 방법이다. 그리고 누군가가 일부러 악의를 가지고 퍼뜨린 것이라면 자신의 행동에 문제의 여지는 없었는지 돌이켜봐야 할 것이다.

아무리 '내 인생의 주인공은 나'라지만 사내 루머의 주인공이 되고 싶은 직장인은 아무도 없다. 결국 소문의 진실이 밝혀질지라도, 주변에서는 이에 대한 정확한 정황과 결론을 기억하기보다는 험담을 위한 자극적인 정보만 기억하는 게 대부분이다. 아니 땐 굴뚝에서 연기가 나는 '신묘한' 일이 벌어졌다고 결론이 나도, 사람이란 기억하고 싶은 것만 기억하고 말하고 싶은 것만 말하기 때문이다.

루머에 대처하는 가장 좋은 방법은 누구나 다 알 듯이 애초에 구설에 휘말리지 않는 게 최선이다. 하지만 이미 벌어진 일이라면 재빨리 판단해서 행동에 옮겨야 한다. 대개는 '긁어 부스럼 낸다'며 억울해도 소문이 사그라질 때까지 수그리고 있지만, 그것만이 유일무이한 최선의 방법은 아니다. 케이스별로 적극적인 대처 방법을 강구해야 한다. 그리고 이를 계기로 나를 되돌아보는 시간을 반드시 가져야 할 것이다. 그나마 '소문이 있다는 것은 조직

내에서 존재감이 있다는 방증이기도 하다'는 한마디가 루머에 시달리는 혹은 시달렸던 당신에게 조금이나마 위안이 되려나.

사생활 공개는 어디까지 해야 하는가

광고팀 이 과장은 여름휴가 시즌만 되면 얼굴이 화끈거린다. 멋모르던 입사 초, 선배들의 "누구와 함께 여행을 가느냐"는 물음에 곧이곧대로 대답한 게 화근이었다. 5년 동안 사귄 남자 친구와 일본에 간다고 답하자 "뭐 하는 사람이냐", "어떻게 만났느냐", "어떤 스타일이냐" 등 질문공세가 쏟아졌고, 이를 계기로 동료와 선배들의 오만 간섭이 시작됐다. 그 뒤로 이 과장이 지각이라도 하면 "전날 남친과 뭐하다 늦은 거냐"부터 "어디까지 가봤냐"는 도를 넘는 질문까지 이어졌다. 별것 아닌 척 웃어넘기지만 입가에는 경련이 일 지경이다.

인사팀 서 사원은 부서 회식 날 남자 친구를 불렀다가 낭패를 봤다. 동기 중 한 명이 "얘 남자 친구가 모델 뺨치게 잘생겼다던데"라고 운을 떼자, 선배들이 너도나도 궁금하다며 분위기를 잡았다. 결국 부장의 "이런 자리에서 모두에게 인사 한번 하는 것도 좋지 않겠느냐"는 말에 남

197

자 친구를 합석시킨 게 사단이었다. 전후사정 모르고 끌려나온 남자 친구는 불편한 심경을 감추지 않았고, 이를 본 선배들 역시 "네가 뭐 그리 잘났냐"며 기분 나쁜 티를 팍팍 냈다. 그 후 선배들은 틈만 나면 "남자가 그리 뻣뻣해서 사회생활 어떻게 하겠느냐", "막상 보니 잘생긴 얼굴도 아니더라"는 등 각종 타박을 주기 바빴다. 듣기 좋은 꽃노래도 한두 번인데, 남자 친구의 뒷담화를 매일 들으니 짜증이 나서 견딜 수가 없다.

술김에 뼈아픈 가족사를 고백한 이 대리는 누가 아버지 얘기만 꺼내면 슬그머니 자리를 피한다. 사춘기 시절, 방황의 시기가 유독 길었다는 이야기를 하다 아버지가 바람을 피워서 어머니와 이혼한 사실까지 털어놓고 말았다. 부모님의 이혼이 그녀 잘못은 아니지만 괜히 얘기했다는 생각을 지울 수 없다. 사람들이 뒤에서 수군대는 것 같다. 향후 승진이나 자신의 이미지 형성에 문제가 될까 걱정도 된다.

회사를 다니다 보면 이 같은 일들이 비일비재 일어난다. 집보다 회사에서 보내는 시간이 더 많아지다 보니, 회사 동료나 선후배들이 내 가족보다 더 친밀하다고 느껴질 때도 있다. 그러다 보니 이 정도 사생활 공유는 별문제가 없다고 생각한다. 오히려 관계를 더욱 공고히 해주는 하나의 매개체 역할을 하게 될 것이라고 착각하기도 한다.

많은 이들이 진실성과 개방성을 보임으로써 동료들의 신임을 얻게 될 것이라고도 생각한다.

미국 국립과학학술원 회보에 실린 한 연구에 따르면, 사적인 이야기를 공유하는 행위는 음식을 먹거나 성관계를 가질 때 뇌에서 자극되는 보상경로를 똑같이 자극한단다. 즉, 사람들은 자기의 은밀하고도 비밀스러운 이야기를 남에게 털어놓을 때 밥을 먹거나 섹스를 할 때와 비슷한 쾌감을 느낀다는 것이다. 아, 왜 그리 사람들이 자기의 감추고 싶은 혹은 별 대단하지 않은 이야기까지 남에게 털어놓는지 일견 이해가 되기도 한다.

하지만 '가족 같은' 회사 동료들은 안타깝게도 '진짜 가족'은 아니기에 나의 아픔이나 솔직함까지 고이고이 품에 감싸주지는 않는다. 그들은 그럴 이유가 전혀 없기 때문이다. 설령 당시에는 잠시 그랬을지 몰라도 이를 이용하거나 본인을 돋보이게 하는 재료로 쓸 수 있다면 언제든지 용도 변경이 가능하다. 그들이 나쁜 마음을 먹고 악의적으로 이를 이용하는 경우도 있지만, 의도치 않게 이를 이용할 수도 있다. 아닐 때도 있지만 '그럴 때도 있다'는 게 포인트다. 그러므로 그 잠시의 감정 분출과 비밀 공유가 주는 긴장감을 위해서 세세한 부분까지 사생활을 공유하는 것은 위험 부담이 크다. 그러나 아무 말 안하고 누가 무슨 말을 걸어도 알 듯 모를 듯 모나리자 미소만 짓다가는 "재수없다", "지가 신비주의 이영애냐"는 소리를 듣기 딱이다. 본인 역시 마음 놓고 대화할 수 없는 조직 생활이 너무 갑갑하고 답답해 미쳐버릴지도 모른다.

결국 우리는 사생활을 털어놓기는 하되 요령껏 현명하게 선을 지키는 수밖에 없다. 이 과장은 남자 친구의 존재 정도만 털어놓는 게 좋았다. 그와 함께 여행을 가는지, 어디로 밥을 먹으러 가는지 미주알고주알 고해바칠 필요는 없었다. 그가 구체적으로 어떤 직업을 갖고 있고 어떤 성격의 소유자인지도 공유할 필요가 없다. 남자 친구라는 존재가 회사 사람들과 공유하는 공공재는 아니지 않은가. 그와의 알콩달콩 러브스토리든, 죽도록 싸우는 호러든, 회사 동료가 아닌 진짜 친구들과 공유하는 것으로 만족하자. 회사 내 공식적인 자리에서 자신의 사생활을 공론화하는 것만큼 어리석은 일은 없다. 또 부장님은 내 부모님이 아니다. 부서원들의 꼬임에 넘어가 남자 친구를 굳이 부장님께 소개해줄 필요는 없었다. 그 순간부터 족쇄가 채워지기 십상이다. 사적인 영역과 공적인 영역이 혼재되는 순간 일은 더욱 꼬이기 마련이다. 거기다 잔소리하는 사람은 부모님만으로 충분하지 않은가.

부모님의 이혼 등 매우 민감한 사생활에 관해서는 절대적으로 입을 다무는 게 낫다. 당사자에겐 굉장한 아픔이고 슬픔이지만 주변인들에겐 그저 재미있는 스캔들일 뿐이다. 이미 술김에 털어놓은 것을 주워담을 수는 없지만, 앞으로 이와 관련해 이야기가 도는 것을 막고 싶다면 단호하게 한 번쯤 주의를 주는 게 좋다. "그런 이야기는 하지 않으셨으면 좋겠어요. 제가 불편하고 일에 집중이 안 되거든요"라고 말이다. 은밀한 사생활 공유, 그 순간에는 '짜릿'할지 모르지만 두고두고 나를 '저릿'하게 만들 수 있음을 기억하자.

사표를 던지는 자세

　직장인이라면 누구나 멋지게 사표를 던지는 꿈을 꾼다. 훨씬 더 좋은 회사로부터 스카우트 제의를 받아, 보란 듯이 사표를 던지면 그제야 나를 괴롭혔던 악의 무리들이 회한의 눈물을 흘리며 제발 남아달라고 바짓가랑이를 붙잡고 우는, 그런 꿈?

　으하하, 상상만 해도 짜릿하지만 현실에서 이처럼 환상적인 일이 생기는 경우는 극히 드물다. 지금 다니는 회사가 정말 좋아 죽겠는데 안타깝게 그만둬야 하는 경우는 거의 없다. 그보다는 일이 적성에 맞지 않아서, 괴롭히는 상사나 동료를 참지 못해서, 월급이 생각보다 너무 적어서 등등 대부분 도저히 참을 수 없는 이유들 때문에 회사를 그만두는 경우가 훨씬 더 많다.

　이렇듯 좋은 추억이 아닌 나쁜 기억 때문에 회사를 그만두게 되면 직장인들은 또 한 번 고민에 빠진다.

　"확 이걸 다 불어버려?"

그동안 가슴에 담아두었던 부당한 사안들, 쉬운 일도 어렵게 만드는 비합리적 시스템, 상사나 동료의 부정, 말도 안 되게 괴롭히는 비인간적인 상사나 동료 등 나를 암의 공포로 시시각각 몰아넣었던 요인들을 살풀이 굿이라도 하듯 쏟아버리고 싶다. 느네들 인생 그렇게 살지 말라고 준엄히 꾸짖고도 싶다. 떠나는 마당에 못 할 말은 또 무엇인가.

어느 날 출근을 했더니 모두들 삼삼오오 모여 쑥덕거리느라 바빴다. 알고 보니 얼마 전 수습 딱지를 뗀 초짜 기자가 기어이 사표를 던진 모양이었다. 적성에 안 맞으면 그럴 수도 있겠거니 했는데, 문제는 그의 퇴사가 아니라 물러날 때의 자세였다. 앞서 말했듯 누구나 사표를 쓰기까지 오만 사연이 있지만 그래도 보통은 '일신상의 사유로 사직하고자 합니다'라는 한 줄로 모든 걸 함축한다. 그런데 그는 '친절하게도' 그동안 자신을 괴롭힌 선배들 이름 한 명, 한 명을 거론하며 각각의 내용을 사직서에 조목조목 써서 대표에게 제출했단다. '천송이 선배는 회의시간에 조금 늦었다는 이유로 사람들 앞에서 저에게 모욕감을 주었고, 도민준 선배는 오탈자를 내는 게 기자냐며 무안을 주었습니다. 이휘경 선배는 취재 지시를 제대로 하지 않았으면서 그것도 못 하느냐고 화를 냈습니다. 그리하여 저는 사표를 내고자 합니다'라고 했다나. 그의 사직서에는 당시 그가 몸담았던 부서의 부장은 물론, 부서원들 모두의 이름이 올랐다는 후문이다.

아마도 그의 입장에선 천하에 둘도 없는 나쁘고 못된 사람들이었으니, 이를 만천하에 알려야겠다는 '정의감'이 폭발했던 것 같다. 또 그는 사표를 내면서 "앞으로 기자는 하지 않을 것"이라 선언, 다시는 이 업계 사람들과 마주치지 않을 테니 별문제가 되지 않을 것이라 자신한 듯 보였다. 하지만 무인도에서 배구공을 친구 삼아 한평생 살지 않는 이상 인간관계는 얽히고설켜 언젠가 그의 과거는 도마에 오르기 마련이다. 특히 요즘처럼 레퍼런스 체크, 즉 평판 조회가 취직에서 필수 과정이 된 이상 이 같은 흑역사는 결코 피해갈 수 없다.

아니, 부당한 일을 당해 그것 좀 얘기하고 나온 게 무슨 죄냐고? 새로운 회사 입장에선 당황스럽기 그지없다. 생각해보라, 그가 아무리 일 잘하고 잘생기고 반짝거리는 두뇌를 갖고 있어도 부서원들과 결코 조화롭게 지내지 못하며 이를 참지 못하고 사방팔방 떠드는 '팔푼이'라는데, 그 어떤 회사가 두 팔 벌려 환영할 수 있을까. 심지어 사연을 들어 보니 부서원 입장에서는 부당함의 극치였지만 회사 입장에선 충분히 수긍할 수 있는 경우도 많다. 뿐만 아니라, 사직서에 거론된 사람들은 한순간에 모두 그의 적이 되어버렸다. 좋은 사람들만 만나고 다녀도 사회생활

하기 퍽퍽한데 행여 길거리에서 마주치면 "너 아주 잘 만
났다"라며 멱살잡이를 할 적들이 순식간에 열 명으로 늘
어난 것이다. 이제 그들은 그 누가 그에 대해 물어볼지라
도 눈에 쌍심지를 켜고 '아주 경우 없고 몹쓸 놈'이라고
전할 가능성이 100%다. 같은 업종으로 이직할 것이 아니
면 큰 문제가 아니지 않느냐고? 사람이 몸담고 있는 조직
의 생리는 다 거기서 거기다. '안에서 새는 바가지 밖에서
도 샌다'고 전 직장에서 그랬다면 이번 직장에서도 그럴
가능성이 높다고 생각해 그를 꺼려하게 마련이다.

　사람 일은 한 치 앞을 알 수 없는 법. '사직서의 패러다
임을 바꿨다'는 평가를 받았던 그는 여러 회사를 전전하
더니, 결국 1년 반 만에 기자가 자기 적성에 가장 잘 맞는
것 같다며 신문사며 방송국 여기저기 지원서를 내고 다
닌다는 소문이 돌았다. 하지만 그의 사표와 관련된 에피
소드는 기자라면 모르는 사람이 없었고, 그는 면접은커녕
지원서 통과도 못 하고 번번이 물을 먹었다.

　이별할 때 뒷모습이 아름다워야 하는 것은 연인 사이에
서만 통용되는 법칙이 아니다. 덧붙여 제발 팩스나 이메
일로 사직서를 내는 따위의 짓은 하지 말자. 아무리 정이
떨어지고 그들과 두 번 다시 말을 섞고 싶지 않을지라도
사람 간에 지켜야 할 최소한의 예의라는 게 있다. 나를 힘
들게 했을지라도 '조직의 쓴맛'을 알게 해준 공 정도는 있

는 법이다. "그동안 많은 가르침을 주셔서 감사했습니다"
라는 인사말은 떠나는 자만이 부릴 수 있는 사치이고 여
유이다.

나는 소중하니까, 스스로 포기하지 마라

"사실, 회사 안 다녀도 그만이잖아요. 남편 있어, 애 잘 커 뭐가 걱정이세요?"

회사 생활하면서 가장 흔하게 들었던 말 중 하나다. 신기하게도(?) 남편 있고, 애 잘 크면 남들 눈에는 여자가 회사를 다녀야 할 이유가 크지 않아 보이는 모양이다. 남자 선배고 여자 후배고, 여자 선배고 남자 후배고 가리지 않고 이런 말들을 툭툭 던지는 걸 보면 말이다.

직장인이라면 누구나 일을 하다 힘들어 짜증이 날 수도 있고, 억울한 일을 당해서 속상할 수도 있건만, 워킹맘인 내가 이에 대해 어려움을 토로하면 팔자 좋은 여자의 치기어린 투정으로 받아들여지기 일쑤였다. 그나마 투정으로라도 받아들여지면 양반이다. 그저 자기계발 또는 자아실현을 위해 회사를 다니는 억세게 운 좋고 기 센 여자의 하소연으로 치부해 도끼눈을 하고 쳐다보는 이들도 많다. 심지어 아이들이 초등학교에 입학을 했는데도 회사를 꾸역꾸역 다니면, 성공과 욕심을 위해 자식을 내팽개친 '욕망의 화신'쯤으로 보고 혀를 끌끌 차는 사람도 있다.

이처럼 주변의 불편부당한 시선은 '워킹맘 혹은 여자는 회사를 언제든지 그만둬도 혹은 잘려도 되는 사람'이라는 궤변에 힘을 실어준다. 처음에는 "나도 너네들과 똑같이 일하면서 업무에 시달리는 직장인"이라고 강하게 항변도 하고 성질도 내지만, 시간이 흐를수록 그들의 시선에 저도 모르게 융화되는 모습을 발견하게 된다. "그래, 막말로 내가 돈을 못 번다고 식구들이 길거리에 나앉는 것도 아니고, 여자인데 힘든 일을 꼭 해야 하는 것도 아니고, 결혼해서 애까지 낳았는데 예쁜 내 자식들을 남의 손에 맡기고 일을 나와야 하나"라고 말이다. 이런 식의 합리화가 진행되면 누가 뭐라 하지 않는데도 스스로 알아서 '여자는 회사를 언제든지 떠날 수 있는 가벼운 몸'이라든지 '회사가 힘들면 혼자 돈을 버는 외벌이보다는 맞벌이 중 한 명이 나가는 게 인정상 도리에 맞다'라는 생각까지 하게 된다.

그런데 곰곰이 생각해보자. 이렇게 따지고 들기 시작하면 인생사 해야만 하는 일이란 게 있기는 한 건가? 잠은 왜 자나, 어차피 일어나야 하는데. 밥은 왜 먹나, 어차피 화장실 가야 하는데. 열심히 왜 사나, 어차피 사람은 모두 죽는데. 마찬가지다. 남편이 돈을 버는데 아내가 돈을 꼭 벌어야만 하는 것도 아니고, 엄마가 회사를 나가면 대신 애를 돌봐줘야 할 사람도 구해야 하고, 남자들 사회에서 치사하고 더러운 꼴 봐야 하는데 여자가 뭐하러 회사를 다니느냐고? 그러면 애초에 여자인데 뭐하러 기를 쓰고 공부해서 좋은 대학을 들어가겠다고 아등바등거렸는가, 뭐하러 취직을 해보겠다고 도서관에서 날밤을 새며 공을 들였나, 뭐하러 힘들게 결혼은 해서 애를 낳았나.

우리는 남자·여자 성별을 가르기 전에 한 인간으로서 존엄성을 부여받았다. 또 자신의 능력을 인정받고자 열심히 뛰는 것은 '여자 사람'이든 '남자 사람'이든 똑같다. 각자의 꿈을 이루고자 우리는 최선을 다해 달렸다. 그런데 이제 와서 여자니까 돈을 벌면 좋지만 안 벌어도 그만이고, 엄마니까 애를 돌보는 게 최우선이어야 하고, 여자니까 집에서 우아하게 살림만 해야 한다고? 내가 현재 이 자리에 있는 것은 우연히 공부를 했는데 억세게 운이 좋아서 가능했던 것이 아니다. 나도 그들처럼 치열하게 공부하고 준비했으며 최선을 다해 노력해서 쟁취한 것이다. 그러므로 난 그에 걸맞은 정당한 대접을 받을 자격이 충분하다. 나의 소중한 존재의의와 가치를 주변의 평이한 잣대에 마구 재단당하도록 방치해서는 안 된다.

인정할 건 인정해라. 당신이 일하는 엄마라면 이는 어떠한 종류든 성공에 대한 야망과 집념이 있었기에 가능한 것이다. 경제적 수입을 얻기 위한 선택이었다고 할지라도 자녀에 대한 모성본능을 초월해서 험난한 가시밭길이 예상되는 정글에 뛰어들었다는 것은 성공에 대한 욕심과 야망 없이는 불가능한 일이다. 그렇다면 굳이 이러한 야망을 감출 필요는 무언가? 야망은 남자에겐 허락되고 여자는 가져서는 안 되는 가치는 아니지 않은가. 설령 일하는 엄마가 야망을 갖고 있는 것이 어떤 이의 눈에는 얼굴에 점 하나 찍고 주변 사람을 짓밟으려는 '욕망의 화신'처럼 보일지라도 하루하루 가시밭길을 헤쳐나가다 보면 언젠가는 스스로에게, 그리고 주변으로부터 인정받는 날이 온다.

이제 누군가가 "남편도 돈을 버는데 당신은 회사를 관둬도 그만 아니에요?"라고 말하면 "그런 논리라면 유부녀는, 더 나아가 여자는 결국 회사를 다닐 필요가 없다는 말씀인가요?"라고 되받아쳐 주자. 맞벌이 가정의 남성이 그런 말을 했다면 "아내가 돈을 버니까 당신도 회사를 관둬도 되나요?"라고 말해주자. "애를 돌봐야 하지 않나요?"라고 하면 "육아와 교육은 부모가 함께 하는 겁니다. 그리고 그 문제는 당신이 걱정할 사안이 아니죠"라고 따끔히 알려주자.

내가 나를 소중히 여기고 나의 가치를 높이 평가하지 않는데, 남들이 먼저 나의 가치를 알아주고 존중해주기란 쉽지 않다. 비단결 같은 머리카락을 휘날리며 "나는 소중

하니까요"를 외쳤던 고소영의 미모를 반도 쫓아가지 못할지라도, 우리는 모두 소중한 존재임에는 틀림없다. 자신의 가치를 스스로 포기하는 것이 워킹걸의 가장 큰 적이다.

연봉 협상, 당당하게 회사를 설득하라

아무리 예의 바르고 겸손해도 "나보다 일을 안 하는 사람이 돈은 더 받아도 돼요"라고 말하는 직장인을 본 적은 없다. 마찬가지로 회사를 다니는 큰 이유 중 하나가 경제적 활동, 즉 돈을 벌기 위해서라는 것을 부정하는 사람도 본 적이 없다. 더 높은 자아실현을 위해서든 정의사회 구현을 위한 봉사이든 어쨌든 어느 정도 수입이 보장되어야만 회사를 다닐 수 있다.

그런데 많은 여자들은 이렇게 중요한 돈 이야기가 수면 위로 올라오면 슬그머니 꼬리를 내린다. 아마도 어렸을 때부터 돈을 벌고자 하는 욕망, 혹은 이 같은 생각을 하는 것조차 고상하지 못하다고 은연중에 배웠기 때문이 아닐까. 또 돈보다는 일에 대한 보람이나 성취감 같은 내적 보상에 더 가치를 두는 우아한 뇌구조도 한몫하는 것 같다. 이같이 지고지순하고 남을 배려하는 성향은 아름다운 사회를 만드는 데는 일익을 담당할지 모르지만, 연봉 협상

때는 치명적인 약점으로 작용한다.

　미국의 경제학자 린다 배브콕의 연구 결과에 따르면, 20대 신입사원으로 입사할 당시 남자와 여자 모두 동일한 연봉을 받지만 남자는 협상을 통해 4.3% 올리는 반면 여자는 고작 2.7%밖에 올리지 못한단다. 남녀가 이런 식으로 협상을 계속할 경우 은퇴 시 연봉은 엄청난 차이가 날 수밖에 없다. 시간이 지날수록 불평등은 스스로 몸집을 불려나간 것이다. 그런데 더욱 슬픈 것은 여자들은 자신이 부당한 대우를 받고 있다는 현실을 자각하지 못하는 경우가 대부분이었다는 사실이다. 이런 맹꽁이 같은 경우가 있나!

　나 역시 처음 연봉 협상 테이블에 앉았을 때 대표와 농담 따먹기를 할 정도로 편하게 임했지만, 정작 중요한 돈 이야기는 좀처럼 꺼내지 못해 쩔쩔맸다. 평소에 접하기도 힘든 금액이라 더욱 심했다. 당시 나는 일반 시세(?)보다 몸값을 낮게 불러야 하는 것은 아닐까 망설였다. 그렇지 않았다가는 '돈만 밝히는' 혹은 '숙녀답지 못한' 여자로 낙인찍힐까 봐 무서웠다. 너무 높게 부르면 그냥 집에 가라고 할까 봐도 겁이 났다. 그래서 결국 협상의 칼자루를 회사에 넘겨주는 실수를 저질렀다. 회사 측이 희망연봉을 물었을 때 나는 실현 가능한 범위를 제안한 것이 아니라, 반대로 "그러게요, 어쩌면 좋을까요?"라고 허겁지겁 되물었다. 아니, '어떻게 하면 좋을까요'라니, 지금 생각하면 머리를 벽에 박고 싶다.

연봉 협상은 내 가치를 스스로 결정하며 그 가치만큼 돈을 받아내도록 회사를 설득하는 과정이다. 그런데 나는 반대로 내 가치를 회사가 결정하도록 내버려 둔 셈이 됐다. 영리한 회사는 당연히 그들이 타협 가능한 범위를 넘지 않는 수준에서 연봉을 제시했고, 나는 그 안에서 결정하는 수밖에 없었다. 이 지경이 되면 누구 탓을 할 수도 없다. 내가 자초한 일인데 어쩌겠는가.

연봉 협상을 할 때는 우선 나도 모르게 갖고 있는 '돈'에 관련된 불편한 심경을 털어내야 하는 게 1순위다. 급여를 올려달라고 말하는 것은 결코 천박하지 않다. 연봉 협상은 그런 이야기를 하기 위해서 일부러 마련된 자리다. 회사에서 고심 끝에 힘들게 돗자리를 깔아놨는데 굳이 외면할 이유가 무엇인가. 또 협상에 나서기 전에 자신의 실제 가치가 얼마나 되는지 미리 알아보는 것은 당연한 수순이다. 어련히 알아서 월급을 올려주는 회사는 없다. 근무연수와 하는 일이 똑같은 사람들 중 나와 지위가 같은 사람을 찾아내 그들이 얼마나 받고 일하는지를 알아내야만 한다. 그래야만 스스로 몸값을 낮춰 부르는 우를 범하지 않을 수 있다.

'필요한 것'과 '받아야 하는 것'을 헷갈려서는 안 된다.

협상 테이블에서는 '받아야 할 것'만을 요구해야 한다. "애가 커서 교육비가 많이 들기 때문에 월급을 올려주세요" 등의 논리는 전혀 통하지 않는다. 교육비 상승은 본인에게 정말 중요한 사안일지 모르지만 회사의 업무와는 아무런 상관관계가 없기 때문이다. 그보다는 응당 받아야 할 것을 요구하되, 이때 문서로 나의 성과를 구체적으로 알리는 것이 좋다. 자신이 회사의 재성적인 면에 얼마나 기여했는지, 올해 자신의 성과가 어떠했는지 문서로 정리하면 한결 설득력이 있다.

간혹가다 여자들의 이해심은 어찌나 너른지 협상 테이블에서도 바다와 같은 어머니 마음을 발휘한다. '요즘 같은 불경기에 회사가 내 연봉까지 높여줄 여력이 있을까', '회사 예산에 여유자금이 없다는데 이 정도는 괜찮을까' 등 별의별 걱정을 사서 한다. 이 같은 고민은 회사가 할 일이지 당신이 할 일은 아니다. 마지막으로 "이렇게 해주지 않으면 회사를 그만두겠다"는 식의 위협은 하지 말자. 정말 그만두라는 이야기가 나올 수 있다. 협상은 말 그대로 협상이다. 여지를 남겨두어야 그들도 미덕을 발휘할 여유가 생긴다.

5
·
나를 위한
삶에
·
당당해질 것

지금이 바로 버킷리스트를 실현할 때

몇 년 전에 꽤나 열심히 챙겨봤던 드라마가 있다. 여행사 일개 직원으로 꾸역꾸역 일만 하던 김선아가 시한부 인생을 선고받자 그동안 미뤄왔던 버킷리스트를 하나씩 실행해가며 진정한 행복을 깨닫는다는 내용이었다. 이와 비슷한 주제로 아예 제목 자체가 〈버킷리스트〉인 영화도 전 세계적으로 인기를 끌었다. 잭 니콜슨과 모건 프리먼은 한 병실을 쓰면서 남은 시간 동안 하고 싶은 일에 대한 리스트를 만들고 병실을 뛰쳐나가 이를 하나씩 실행하면서 삶의 의미를 되새긴다. 그러고 보면 누구에게나 이루고 싶은 꿈이 있다. 대통령이나 '백의의 천사' 등 초등학교 때 적어냈던 거창한 장래희망 말고, 죽기 전에 꼭 한 번쯤 해보고 싶은 일들 말이다. 김선아처럼 탱고 배우기가 될 수도 있고, 잭 니콜슨처럼 세렝게티 여행하기일 수도 있다.

이 같은 것들은 꼭 죽음을 눈앞에 둔 절체절명의 순간

이 되어야 용기를 낼 수 있을 만큼 죽도록 어렵거나, 집 한 채 값을 통째로 지불할 만큼 값비싸거나, 몸이 부서지 도록 힘든 것은 아니다. 그럼에도 불구하고 평소에는 온 갖 이유로 미룬다. 회사를 다니느라 너무 바빠서, 아이까 지 돌보느라 기운이 없어서, 생활비도 빠듯한데 무슨 돈 이 있어서 등의 이유로 말이다.

　나는 어렸을 때부터 첼로를 배우고 싶었다. "자신에게 위안을 줄 수 있는 악기 하나쯤은 있어야 한다"는 친정엄 마의 고매한 철학에 따라 5살 때부터 피아노를 쳤지만, 정 작 사랑에 빠진 악기는 첼로였다. 우연히 피아노 선생님 댁 아들이 첼로 켜는 모습을 보고 홀딱 반했다. 그런데 피 아노 하나도 허덕거리던 내가 첼로까지 켜는 것은 음악 신동이 아니고서야 불가능했다. 그래서 결심했다. '어른이 되면 첼로를 꼭 배워서 바흐의 무반주 조곡을 연주해야 지!' 이 결심은 '중년 어른'이 되도록 잊히지 않았지만 이 뤄지지도 않았다. 입사 초기에는 개인 시간을 내기 힘들 었고, 결혼 후 아이를 낳고 키우다 보니 돈과 시간, 에너 지, 그 모든 것이 따라 주지 않았다. 특히 아이가 커가면 서 나를 위해 돈을 쓴다는 것은 죄를 짓는 일도 아닌데 이 상하게 점점 더 어려운 일이 되어버렸다. "내 옷 한 벌 안 사면 명작동화 스무 권은 살 수 있는데", "커피 두 잔을 아끼면 애들 좋아하는 복숭아 한 팩은 사겠다" 매사 이런 식이 되다 보니 나를 위한 소소한 지출조차 사치처럼 느껴졌고 죄의식에 빠지게 됐다.

그러던 어느 날 곰곰이 나를 돌아봤다. 회사를 다니며 돈을 벌어도 나를 위해 무언가를 한다는 게 이렇게 힘든데, 막상 일을 그만두면 눈치 보여서 어찌 내가 하고 싶은 것을 할 수 있을까. 당장 애들 학원 한두 개는 끊어야 될 텐데 그 와중에 나를 위해서 첼로를 배울 수 있을 것인가. 아, 이런 식이면 죽기 전까지 내가 하고 싶은 것을 할 수 있는 날이 오기는 하려나?

그렇다면 답은 간단했다. 더 이상 미루지 않는 거다. 그 길로 첼로 레슨 선생님을 수소문했다. 바로 수업 날짜를 잡고 악기도 구해달라 부탁했다. 일을 이렇게 벌여놓았으니 뒤늦게 마음이 변했다고 무를 수도 없게 됐다. 첫 레슨을 받는 날, 나 자신에게 무한칭찬을 퍼부었다. '잘했어, 최적의 상황만 기다렸다간 죽을 때까지 첼로 활 한 번 못 잡아봤을 거야'라고 말이다. 그래도 마음 한구석 미안한 마음이 남아있던 나는 오롯이 나만을 위한 이 행위를 정당화하기 위해서라도 매 레슨에 최선을 다했다. 연습을 하지 않으면 다음 수업에 진도를 나갈 수 없다는 걸 그나마 피아노를 배우면서 일찌감치 깨우쳤던 터라 퇴근 후 10분이라도 매일 활을 잡았다. 애초에 바흐의 무반주 조곡만큼은 혼자 연주하는 것을 목표로 삼았기 때문에 아직

갈 길이 멀지만, 일주일에 한 번 첼로 배우는 날이 얼마나 기다려지는지 모른다. 이러다 보니 그 곡을 배울 때까지는 돈을 벌어야 한다는 또 하나의 이유가 생겨, 회사에서 치사하고 더러운 일이 있어도 참게 되는 부가가치도 얻었다.

돈도 넉넉하고 시간도 많고 체력도 받쳐주는, 모든 상황이 완벽할 때 꿈을 시작할 수 있다면 얼마나 환상적이겠느냐마는 그런 일은 동화 속에서나 가능하다. 우리의 꿈은 묵힐수록 깊은 맛이 나는 '된장'이 아니다. 드라마틱하게 시한부 인생을 선고받을 때까지 기다려야 하는 그런 대상도 아니다. 어찌 보면 조금 빠르고 조금 늦을 뿐 언젠가는 누구나 떠나야 할 '시한부 인생'이라는 사실을 되새긴다면, 지금이 바로 미뤄왔던 꿈을 펼칠 그때가 아닐까.

운동하는 여자는 빛이 난다

　　운동하는 여자는 멋지다. 균형 잡힌 몸매와 옷깃 사이로 드러나는 탄탄한 근육은 아름답다 못해 매혹적이다. 운동을 통해 미란다 커처럼 완벽한 몸매를 갖추게 됐다면 그 아름다움이야 두말할 나위 없겠지만, 설령 현재의 모습이 그녀의 발가락에도 못 미칠지라도 운동하는 여자가 멋지다는 사실에는 변함이 없다. 운동하는 여자는 자신이 소중하다는 사실을 잘 알고 있으며, 그 소중한 자신을 지키기 위해 노력하는 방법을 알고, 이를 생각에만 그치는 게 아니라 실천에 옮길 줄도 아는 열정적인 사람이기 때문이다.

　　아니, 누구는 운동이 좋은 줄 모르나, 회사 다니고 애 보면서 힘들어 죽겠는데 어찌 운동할 시간까지 만드느냐고? 나도 그랬다. 누가 운동을 화제에라도 올리려고 하면 "워킹맘이 운동을 어떻게 해. 그쯤 되면 운동이 아니라 '노동'이야"라고 애써 무시하거나 "내 인생 마지막 보루야. 지금은 숨쉬기 운동도 힘들어"라며 고개를 절레절레 흔들었다. 실제로도 걷는 것조차 싫어해서 코앞에 있는 슈퍼마켓도 자동차를 타고 가거나, 그마저도 귀찮으면 차라리 한 끼를 굶고 말았다.

그토록 움직이기를 싫어했던 내가 운동을 시작하게 된 것은 매일 피곤에 쩔어 짜증만 내는 나의 모습에 환멸을 느꼈기 때문이었다. 마음이야 회사에선 '멋진 커리어우먼', 집에서는 '우아한 엄마'를 지향했지만 현실은 정반대였다. 회사에선 '음울한 커리어우먼', 집에서는 '짜증만 내는 엄마'였다. 그러다 보니 나의 자존감은 바닥을 쳤고, 아이들은 그런 엄마의 눈치를 살피기에 급급했다.

이래서는 안 되겠다는 생각이 들었다. 우선, 나도 즐겁고 애들도 행복하려면 기본적으로 체력을 갖추는 게 필요했다. 20대처럼 고기 많이 먹고 잠 많이 잔다고 체력이 100% 충전될 수 있는 나이는 아니니까. 처음에는 달리기를 30분만 해도 숨이 턱 끝까지 찼다. 하지만 몸이란 어찌나 정직한지 운동에 투자한 시간이 길어지는 만큼 트레드밀(treadmill)에서 뛸 수 있는 시간도 늘어났다. 체력도 쑥쑥 붙었다. 이젠 집에 오자마자 아이들에게 "엄마 피곤해, 저리 가"를 외치는 대신 "오늘은 엄마랑 뭐하고 놀까?"를 먼저 제안할 만큼 씩씩해졌다.

또 운동은 스트레스 해소에 그만이다. 짜증나고 힘든

일이 있을 때마다 '폭풍' 흡입도 하고, '미친' 쇼핑도 하고, '힐링' 마사지도 받아봤지만 운동만 한 게 없다. 회사에서 못된 상사 때문에 뒷목을 잡았거나, 일이 뜻대로 풀리지 않아 괴로우면 나는 달리기를 하러 나간다. 한 시간 정도 있는 힘껏 달리다 보면 머릿속이 하얘진다. 나쁜 생각은 꼬리에 꼬리를 물면서 더 힘들고 괴로워지는 법이다. 하지만 온전히 내 근육 하나하나에 신경을 쓰고 달리기를 하다 보면 어느새 고민은 온데간데없이 사라진다. 당장 다리가 끊어질 것 같고 숨이 차 죽을 것 같은데 그따위 것들이 뭐 그리 대수겠는가.

체력 증진이나 스트레스 해소 말고도 운동의 가장 좋은 점은, 뛰는 그 시간만큼은 '온전히' 나 자신을 위해 투자를 하고 있다는 멋진 사실이다. 워킹맘으로 살다 보면 나만을 위한 시간을 내는 것이 하늘의 별 따기만큼이나 힘들다. 회사에 있는 동안은 조직을 위해서, 집에 있는 동안은 아이들을 위해 존재하는 사람인 것 같다. 그러다 보니 '도대체 나는 누구인가', '나는 어디로 가는가' 식의 답도 없는 회의감이 밀려들 때가 있다. 하지만 운동을 하는 그 시간만큼은 회사도, 아이들도, 남편도 아닌 오로지 나만을 위한 시간으로 존재한다. 이 시간은 한발 더 나아가 '나는 운동을 통해 자기관리를 할 줄 알고, 나를 소중히 여길 줄 아는 멋진 여자'라는 자신감을 심어준다.

다들 나에게 애들도 돌보고 회사도 다니면서 어찌 시간을 내서 운동을 하느냐고 궁금해한다. 나는 회사에서 당직을 서야 하는 날이면 아예 새벽 6시에 달리기를 하고 출근한다. 이런 날은 혹시라도 새벽 잠결에 운동하러 가기 싫어질까 두려워 트레이닝복을 입고 잠자리에 들기도 한다. 저녁에 술 약속이 있어 운동을 건너뛰게 될 것 같으면 중간에 잠깐 헬스장에 들러 30분이라도 달리기를 하고 간다. 출장을 가거나 여행을 가더라도 캐리어에 제일 먼저 러닝화와 트레이닝복을 챙긴다. 남들이 술 마시고 노는 시간에 호텔 피트니스 센터에서 달리기를 하는 맛은 해보지 않은 이는 모른다.

시간이 없어서 못 한다는 핑계는 말 그대로 '핑계'일 뿐이다. 누구에게나 똑같이 24시간이 주어진다. 하지만 이 24시간을 어찌 쪼개 쓰느냐는 사람마다 다르다. 현대인이라면 누구나 "바쁘다 바빠"를 입에 달고 살지, "아이고, 할 일이 없어 미치겠네" 하는 사람은 없다.

지금까지 어떤 핑계로든 운동을 미뤄왔다면, 오늘이라도 당장 시작해보는 게 어떨까. 운동을 한다는 그 사실만으로도 당신은 훨씬 더 가치 있는 사람이 되어 가고 있음을 온몸으로 느끼게 될 것이다. 나는 우스갯소리로 나의 삶은 운동하기 전(지루하고 의욕 없는)과 후(활기차고 도전의식이 충만한)로 나뉜다고 얘기할 정도다. 그리고 또 하나, 누군가 사진을 찍자고 제안할 때 더 이상 도망 다니지 않아도 된다. 예쁘고 탄력 있는 몸매는 저절로 따라오는 덤이다.

Just do it, 망설이지 말고 일단 저질러라

"아니, 그러다 쓰러지겠어요, 누가 시키는 것도 아닌데 살살하세요."

언젠가 나의 일상을 듣던 취재원이 혀를 내두르며 던진 말이다. 새벽에 일어나 운동하고, 회사 가서 일하다가 집에 돌아가면 애들 숙제 봐주고, 주말에는 첼로를 연습한다는 나의 일상이 여느 워킹맘처럼 평범해 보이지는 않은 모양이다. 그녀 말마따나 누군가 시켜서 억지로 하는 일이었으면 일주일도 못 가 두 손 두 발 들었을 게 분명하다. 하지만 다행스럽게도 내가 좋아서 벌인 일이니 아직까지 힘든 줄 모르겠다. 심지어 하다 보니 모든 일에 탄력 가속도가 붙는다. 처음 운동을 시작할 때는 나조차도 내가 회사를 다니면서 운동을 할 수 있을까 못미더웠다. 그런데 막상 재미를 붙이니 이제는 하루라도 운동을 거르면 이를 안 닦고 출근한 것처럼 찝찝하다.

운동을 통해 무엇이든 할 수 있다는 자신감이 붙자 그

다음에는 회사를 그만두면 배우려고 아껴뒀던(?) 첼로를 시작했다. 그랬더니 이 역시 불가능하진 않았다. 평일에는 도저히 시간을 내는 게 힘들어 일주일에 한 번, 주말에 레슨을 받을 뿐이지만 감히 첼로가 내 삶의 활력소라고 말할 수 있다. 한발 더 나아가 지난해에는 '겁도 없이' 작은 음악회를 열었다. 예쁜 드레스를 꼭 한번 입어보고 싶다는 유치한 생각과 더불어 나의 실력이 어느 정도 되는지 가늠해보고 싶었기 때문이다. 그저 진도를 빼는 것에서 탈피, 완성도 있는 곡을 선보여야 하는 연주회를 준비하면서 많은 것을 배울 수 있었다. 안타깝게도 음악회가 끝나고 남편으로부터 "당신이 이제까지 연주한 게 (음정, 박자 자유로운) 재즈였어?"라는 농담을 들었지만.

가끔은 스스로도 신통방통하다. 남들은 시간이 남으면 무엇을 해야 할지 몰라 당황스럽다는데, 나는 조금이라도 시간이 남으면 어쩌나 하고 싶고 배우고 싶은 게 많은지 우선순위를 정하느라 바쁘다. 그래도 매일 바지런히 무언가를 찾고 움직인 덕인지 주변으로부터 심심찮게 "즐거워 보인다", "젊어 보인다"는 칭찬을 듣는다. 하지만 누누이 말하건대 나도 처음부터 그랬던 것은 아니었다. 퇴근하는 즉시 소파와 합체를 시도하고, 출근길에 침대로부터 떨어지기 싫어 몸부림치던 시절이 있었다. 그러나 처음이 어렵지 무엇이든 시작하고 나면 그다음은 이제까지 고민한 시간이 민망할 정도로 술술 풀린다. 그리고 그 후의 탄력적이고 매력적인 삶은 그전의 무료하고 밍밍한 삶과는 분명히 차별화된다.

주변을 둘러보면 열정적으로 삶을 꾸려가는 이들이 많다. 헌칠한 키와 세련된 매너를 자랑하는 모 백화점 마케팅실 과장은 얼마 전 '몸 만들기 100일 프로젝트'에 돌입한다고 페이스북에 공표했다. 원체 운동을 즐기던 그는 자신의 몸을 어느 정도까지 아름답게 만들 수 있을지 궁금증이 생겨 100일 동안 철저한 식단과 퍼스널 트레이닝을 받기로 결심했단다. 그리고 몸이 '완성'되는 날, 스튜디오에서 사진을 찍어 페이스북 친구들에게 공개하기로 약속했다. 그는 오늘도 퇴근 후 술 약속을 마다하고 닭가슴살과 채소를 먹으며 몸 만들기에 전념하고 있다.

모 그룹 인사팀의 차장은 요즘 시간만 나면 남편과 함께 한강변을 따라 한 시간씩 달리기를 한다. 덕분에 없던 금실도 생길 판이라고 농담을 던지는 그녀는 오는 가을 하프 마라톤에 도전한다. 이제까지 매해 꾸준히 5km, 7km, 10km 마라톤을 하면서 자신감을 얻었다며, 하프 마라톤을 완주하고 나면 다음 순서는 철인 3종이라고 활짝 웃는다.

패션 홍보대행사 모 대표는 주말마다 이천에 도자기를 구우러 간다. 흙을 고르고 골라 물레에 올려놓고 원하는 모양의 그릇을 만들다 보면 시간 가는 줄 모른다고 자랑이다. 어느 정도 수준에 오르면 집안 식기를 모두 자신이 만든 그릇으로 바꿔버릴 것이라며 의지를 불태운다. 더 예쁜 식기를 만들기 위해 조만간 핸드페인팅까지 배울 계획이란다.

그들은 모두 무언가를 하겠다고 마음먹으면 미루지 않고 실행에 옮겼다. 다들 생활을 꾸려가기에 바쁘고 정신없지만 그래도 그들은 도전했다. 그 일을 위해서 없는 시간을 쪼개고 자는 시간을 줄여가기도 하면서 더 많은 에너지를 소모하고 있지만, 그렇다고 남들보다 더 피곤해한다든지 인생이 힘들다고 말하는 이는 아무도 없다. 오히려 남들보다 훨씬 더 긍정적이고 에너지가 넘치며 '놀랍게도' 여유로워 보이기까지 한다.

옛말에 '시작이 반'이라는 말이 있다. 일단 무엇이든 시작만 하면 50%는 번 것과 다름없다는 말이다. 이제 나머지 50%만 채우면 된다. 하지만 아무것도 시도하지 않으면 영원히 제로 상태에 머물 뿐이다. 0을 아무리 골백번 더해 봤자 0이니까. 무엇을 하고 싶은지 계획을 세웠다면 그 즉시 행동에 옮겨라. 글로벌 신발 회사 사장은 아니지만 'Just do it, 자신의 가능성을 찾아서 도전하라', 나머지 50% 때문에 망설이지 말길.

나만의 힐링 레시피를 찾아라

너도나도 힐링이 필요하단다. 그래서 무엇이 됐든 힐링을 앞에 붙이면 장사가 되는 모양이다. 힐링마사지, 힐링음료는 애교다. 오죽하면 연예인들이 나와 수다를 떠는 토크쇼 제목도 '힐링캠프'고, 가수들이 노래를 부르는 이벤트도 '힐링콘서트'라는 이름을 달고 티켓을 판매한다.

사전적 의미로 힐링은 몸과 마음의 치유라니, 각박한 세상에 그 무엇으로든 신체적, 정서적 안정감을 꾀하고 싶어 하는 이들이 늘어나고 있는 것은 분명하다. 특히 힐링은 회사에선 땍땍거리는 상사와 죽자고 덤비는 후배들에 치이고 집에선 끊임없이 보살핌을 갈구하는 아이들과 남편에 시달리는 워킹맘에게 절실하다. 그래서 어떤 이는 퇴근길에 만사 제쳐놓고 마사지를 받으며 나만의 힐링을 누리는가 하면, 어떤 이는 친구들과 분위기 좋은 곳에서 치맥을 즐기며 그동안의 피로를 씻어버린다. 소소하게 손톱 발톱에 알록달록 네일락카를 칠해 가라앉았던 기분을 업시키는 이도 있고, 그동안 주저했던 쇼핑을 과감히 실행에 옮긴 뒤 잠시나마 마음의 평화를 얻는 이도 있다. 동네 한 집 걸러 한 집씩 네일숍이 생기는 것이나 저렴하면서도 세련된 SPA 브랜드가 성업하는 것도 힐링 트렌드와 무관하지 않아 보인다.

하지만 안타깝게도 이 같은 힐링은 금세 바닥을 드러낸다. 한때 회사와 집 근처에 모두 마사지숍 회원권을 끊어놓았던 나는 단 한 번도 끝까지 사용해본 적이 없다. 기껏 예약하려면 시간이 안 맞아 꼭 필요한 순간에 이용하지 못했고, 나중에 본전이 생각나 찾아가면 폐업 신고를 한 경우도 부지기수였다. 전략을 바꿔 네일숍을 한동안 들락날락했으나, 이 역시 5천 원짜리 매니큐어를 3, 4만 원씩 주고 칠하는 게 아깝다는 '아줌마 정신'이 발동해 오래 이용하진 못했다. 치맥도 먹고 마시는 당시에는 행복하지만 그 뒤에 밀려오는 자책감과 뱃살의 압박이 싫어 점점 멀리하게 됐고, 옷이나 액세서리를 사는 것도 보는 눈은 있는데 지갑은 얇은 '현실과 이상과의 괴리'에서 우왕좌왕하다 관뒀다.

그 대신 나는 언젠가부터 피곤하거나 힘든 일이 있으면 집 근처 예술의 전당을 찾는다. 딱히 멋진 공연이나 유명 음악회를 즐기기 위해 가는 것은 아니다. 그저 음악 분수 앞에서 아이스크림을 먹고 돌아올 때도 있다. 진행 중인 전시회가 있으면 그 자리에서 입장권을 끊어 슬슬 둘러보고 오기도 한다. 고흐나 오르세 미술전처럼 유명 전시회가 열릴 때도 있지만 우리에게 익숙한 유명 화가의 작품전이 아니어도 상관없다. 입장권은 아무리 유명 전시회라 할지라도 1만 원 안팎이어서 커피 두세 잔 값을 아끼면 가능하다. 딱히 예술에 대한 엄청난 열망이나 견해를 갖고 있는 것은 아니지만, 거장들의 전시나 음악을 즐기다 보면 내가 지금 겪고 있는 일들이 별일이 아닐 수도 있겠다는 생각이 들어 마음이 조금이나마 편안해진다.

글로벌 뷰티 브랜드의 한 홍보녀는 언제부턴가 피곤하거나 힘든 일이 있으면 향초를 태운단다. 몇 년 전만 하더라도 누가 초를 선물하면 '제사를 치르는 것도 아닌데 웬 초인가' 따위의 생각밖에 들지 않았지만, 요즘은 가장 반가운 선물이 향초라고. 고급스러운 내음을 집 안 가득 휘감아 주는 향초를 태우고 클래식 음악이라도 듣다 보면 '유치하게도' 나 스스로 굉장히 우아해지는 느낌이 들면서 기분이 좋아진다고 웃는다. 가격이 제법 나가는 경우도 있지만, 한 번 사면 몇 달은 거뜬하게 즐길 수 있으니 가격대비 효율성으로 따져도 이만한 힐링 제품을 찾을 수 없다는 게 그녀의 주장이다.

쌍둥이 아들의 엄마이자 대기업 마케팅팀 차장은 회사에서 짜증나거나 억울한 일을 당하고 돌아오면 욕조에 거품을 잔뜩 풀어내고 드러눕는단다. 이때만큼은 그 누구의 방해를 받지 않고 영화 속 주인공인 양 마음의 안정을 도모할 수 있어 행복하다고. 꺼져가는 비눗방울을 보면서 '잘난 척하는 그들도 한때려니' 생각하면 괜스레 고소한 마음까지 든다며, 힐링에는 거품목욕이 최고라고 엄지손가락을 치켜든다. 더럽고 치사한 흙탕물에서 뒹구는 그들과 내적은 물론 외적으로 모두 차별화시킬 수 있는 방법이라는 설명이 그럴듯해 보인다.

이처럼 사람들은 누구나 저마다의 방법으로 힐링을 추구한다. 사실 힘들고 짜증나고 어이없는 상황을 치유받고 싶은 방법에 정답이란 있을 수 없다. 확실한 것은 누구나 사회생활을 하면서 상처를 받고, 그 상처를 어루만져 줄 무언가를 찾아 헤맨다는 사실이다. 다만 일부러 어렵게 무언가를 찾아내서 힐링을 얻어내야 한다면 이 역시 스트레스가 될 가능성이 높다. 스트레스가 현대인에게 삶의 일부가 된 것처럼, 이를 해소하는 힐링도 삶의 근거리 내에서 찾아내는 게 맞지 않을까. 특히 그 방법은 내가 원하는 바로 그때 제공될 수 있는 것이어야 한다. 그렇지 않으면 이를 얻는 과정 자체가 또 다른 스트레스가 될 테니 말이다.

내 눈에 씔 슈퍼울트라 콩깍지 선별법

트렌드에 걸맞지 않은 결혼 예찬론과 조혼 선호론을 펼치다 보면 공통적으로 받는 질문이 있다.

"그러면 한눈에 제 짝인 줄 알았어요?"

그럴 리가, 천만의 말씀 만만의 콩떡 같은 얘기다. 사람에게 농산물 이력 추적제를 실시하는 것도 아니고 원산지, 종자, 비료나 농약 사용 성분, 질병 유무 등이 이마에 떡 하니 붙어있지도 않은데 몇 번 만나보고 어떤 사람인지 어떻게 파악한단 말인가. 그러면 이어지는 질문도 뻔하다.

"대체 뭘 믿고 결혼하셨어요? 어떤 남자와 살아야 해요?"

한때 SBS 〈짝〉이라는 일반인 대상 리얼 버라이어티 프로그램이 인기를 끌었다. 각 회별 주제에 맞게 선정된 남자와 여자 대여섯 명이 서로에게 맞는 사람을 찾아가는 이 프로그램은, 동네 아줌마들 사이에서 선풍적인 인기였다. 이유인즉, 내 딸 혹은 내 아들 같은 누군가가 암만 봐도 고생 엄청 시킬 것 같은 상대에게 꽂혀 도시락을 대령하고 세레나데를 부르는 모양새가 기가 찼기 때문이다. 방송 다음 날이면 "멀쩡하게 생겼는데 어쩜 그렇게 사람 보는 눈이 없는지 모르겠다"며 한결같이 부모 마음으로 혀를 끌끌 찼다. "내가 그 애 엄마면 뒷목 잡고 쓰러졌다"며 울분을 토하는가 하면, "애지중지 길러놨더니 거저 줘도 안 가져갈 놈한테 꽂혀서 질질 짜더라"고 내 자식 일처럼 열불을 냈다. 그러나 모두 입을 모아 "지가 좋다는데 어쩌겠누, 다 팔자야"라고 허무한 결론을 내렸다.

누구나 그렇듯이 이왕 결혼하기로 결심했다면 좋은 사람을 만나 행복한 인생을 꾸려가는 게 목표다. 이혼하기 위해 결혼한다는 사람은 이제까지 한 번도 본 적 없다. 모두들 '최상의 조건'을 충족시켜줄 수 있는 '최선의 사람'을 찾아 결혼을 한다. 그런데도 결과는 제각각이다. 누구는 잡아먹을 듯 싸우면서 이혼한다고 난리고, 어떤 커플은 깨가 쏟아지게 알콩달콩 잘 산다. 동네 엄마들 말처럼 결국 팔자소관일 수도 있지만, 내가 포기할 수 있는 조건과 도저히 포기할 수 없는 조건, 타협할 수 있는 가치와 도저히 양보할 수 없는 가치를 구분할 줄 안다면 성공 가능성이 높아진다.

그러기 위해서는 자기 자신을 잘 파악하는 게 최우선

과제다. 많은 사람들이 생각 외로 자신의 우선순위와 남들이 생각하는 우선순위를 동일 선상에 놓고 혼동하곤 한다. 남들이 아무리 나를 속물이라고 손가락질해도, 내가 못생긴 혹은 가난한 기타 등등의 남자와 못 살 것 같다면 못 사는 거다. 그들이 내 인생을 대신 살아줄 것도 아닌데 어쩌란 말인가. 아무리 죽고 못 살듯 사랑하고 능력도 뛰어나더라도, 정작 당사자에게 중요한 가치를 지니는 조건들을 갖추지 못했다면 소용이 없다. 물론 이러한 조건들 자체가 타협이 근본적으로 불가한 사안인지, 포기가 가능한 것인지도 잘 판단해야 한다. 결국 어떤 남자와 결혼하면 좋은지에 대해서는 백 명이면 백 명 제각각이라 섣불리 말하기 어렵다. 하지만 어떤 남자를 피해야 하는지에 대해서는 몇 가지 공통된 사항이 있다.

거짓말하는 사람은 결코 안 된다. 바늘도둑이 소도둑 된다는 말이 괜히 있는 게 아니다. 사소한 거짓말이어도, 선의의 거짓말이어도 안 된다. 당시엔 '정말 사랑하니까', '더 잘 보이고 싶어서', '상처주기 싫어서' 등 갖가지 이유로 거짓말을 정당화할지 모르겠다. 콩깍지가 눈에 씌었으니 그 정도는 넘어가고 싶은 게 연인의 마음이기도 하다. 그러나 거짓말은 꼬리에 꼬리를 물기 마련이어서 결코 한 번으로 끝나지 않는다. 거짓말이 쌓이다 보면 결국 나중에는 서로에 대한 신뢰에 금이 갈 수밖에 없다. 생면 부지의 사람들이 만나 몸과 마음이 맞는다는 이유로, 이제까지 살아왔던 날들보다 더 많은 날들을 부대끼며 살아야 하는 게 결혼이다. 서로에 대한 믿음 하나로 엮이는 셈인데, 근본이 없으니 뿌리 없는 나무와 같다. 결혼이 부레옥잠도 아닌데, 험한 세상에 미쳤다고 한평생 물 위를 둥둥 떠다니는 모험을 감행한단 말인가.

체력이 약한 남자도 안 된다. '건강한 신체에 건강한 정신이 깃든다'는 말이 있다. 극단적으로 뒤집어 말하면, 체력이 없으면 정신도 좀먹게 된다는 이치다. 비약이 심한 면이 없잖아 있지만 그렇다고 결코 무시해서는 안 되는 게 건강이다. 가장이 힘이 없으면 가족 전체가 병이 든다. 건강하면 돈이 없어도 열심히 일거리를 찾을 수 있는 기운이 있고, 자리가 있을 때 몸을 던져 일할 수 있다. 하지만 건강하지 못하면 아무리 똑똑하고 돈이 많아도 소용없다는 건 두말하면 입 아프다.

인생관이 다른 남자도 힘들다. 인생관이 다른 것과 성격이 다른 것은 구분되어야 한다. "남편은 외향적인데 저는 내성적이에요" 이 따위 고민과는 차원이 다른 문제다. 함께 인생을 꾸려가야 하는 남자와 바라보는 지향점이 다르다는 것은 새로운 고통을 자초하는 것과 다를 바 없다. 접점을 만들어가는 과정이라 할 수 있는 결혼이 끝까지 가도 만나지 않을 평행선이 되거나 혹은 각자의 길만 찾아 뻗대어가는 여정이라면 뭐하러 굳이 지지고 볶아가며 한 이불 덮고 사는가. 서로에게 '힘'이 되자고 하는 게 결혼인데 서로에게 '짐'이 된다면 하지 않느니만 못하다.

불효자도 안 된다. 흔히 결혼하고 급 '효자병'에 걸린 남편 때문에 힘들어 못 살겠다고 하소연하는데, 불효자와 효자 둘 중에 하나를 고르라면 효자 쪽이 백만 배 낫다. 자신의 부모에게도 잘하지 못하는 사람이 남의 집 부모에게 잘할 리 만무하다. 공경이 무엇인지를 모르는 사람은 내 자식에게도 존경받기 힘들다. 아무리 해준 게 없고, 인생에 걸림돌이 되는 부모라 생각될지라도 자신을 세상에 존재하게끔 만들어준 사람들이다. 부모를 부정하는 사람은 자신을 부정하는 것과 다를 바 없다. '줏대' 없는 사람과는 살 수 있을지 몰라도 '본데'없는 사람과는 살기 힘들다.

"아, 그러면 남편분이 저 조건을 다 충족하시나요?"

당연하지! 아무리 내가 예쁜 새 옷을 입어도 "이상해. 뚱뚱해 보여"라고 돌직구를 날리고, 운동한답시고 회사 사람들과 주말에 산을 타러 가는가 하면, 휴일이면 내가 아무리 파김치여도 양가 부모님을 뵈러 가자며 집을 나선다. 그래도 아직까진 그와 같은 곳을 바라보며 인생을 꾸려간다는 사실이 더없이 든든하고 감사한 걸 보면, 내 눈에 쓰인 콩깍지가 슈퍼울트라급인가 보다.

비주얼의 시대를 살아가는 법,
안티에이징(anti-aging)보다는 웰에이징(well-aging)

"미인은 주변의 호의를 먹고 자라 심성도 곱고 공부도 잘하고 베풀기도 잘한다"고 입버릇처럼 말하는 선배가 있었다. 바꿔 말하면 '예쁘지 않은' 여자는 성질도 더럽고 공부도 못하고 베풀지도 못한다는 말밖에 더 되는가. 그런데 실제로 아름다운 여성이 선생님한테 예쁨도 많이 받고 돈도 많이 벌며 결국엔 성공할 가능성이 더 높다는 연구 결과가 있단다.

미인경제학(놀랍게도 이런 학문이 존재한다)에 의하면, 미국에서 상위 1/3에 속하는 외모의 소유자는 외모를 제외하고 다른 모든 면에서 모두 동일한 보통 사람들에 비해 약 5% 더 번다고 한다. 반면 하위 1/7에 속하는 외모의 소유자는 다른 면에서 모두 동일한 보통 사람들보다 약 10% 더 적게 번다. 외모 효과의 크기는 나라에 따라 다르지만 외모가 소득에 영향을 미친다는 것만큼은 부정할 수 없는 사실이라는 게 이 연구의 결론이다. 또 MBA 학위를 가진 여성의 경우 아름다울수록 소득 증가 속도가 높다는 연구 결과도 있다. (어떤 얼굴이 아름다운 얼굴인지에 대한 논의는 논외로 하자.)

세상에나, 과거 '못생긴' 그 선배의 성차별적이고 단순 무식해 보였던 발언이 아주 틀린 말은 아니라니. 내적인 아름다움이야 부단히 노력해서 만들면 된다 치더라도, 본인의 의견이 1%도 반영되지 않은 타고난 외모가 성공에 영향을 끼칠 수 있다니 놀랍고 억울하기만 하다. 하지만 뒤늦게 나의 심미안과 트렌드를 얼굴에 십분 투영해 보겠다며 수술대 위에 눕기엔 현실적 장애물이 너무 많다. 당장 반차 내기도 눈치 보이는데 아무리 절세미인으로 거듭날 수 있을지언정 한 달 동안 빨대로 유동식만 삼킨다는 양악 수술은 불가능에 가깝다. 필러나 보톡스는 안타깝게도 고작 6개월밖에 지속되지 않는다니 몇십만 원씩 주고 분기별로 맞기에는 지갑 사정이 부담스럽다. 제일 무서운 것은, 본인은 결코 아니라고 생각하지만 실제로는 '성형미인'도 아닌 그저 '성형인'에 그칠 수 있다는 사실이다.

그렇다고 중력의 법칙에 충실한 탄력과 주름을 방관하고 무거워진 몸을 세월아 네월아 방관하는 것은 '아름다움을 내포하고 있을지도 모르는' 나에 대한 예의가 아니다. 프랑스 음악가 세르주 갱스부르는 "추한 외모가 어떤 면에서는 더 나은 부분도 있다"고 했지만, 그럼에도 불구하고 아름다움이 추함보다 인정을 받는다. 이는 긍정적이고 바람직한 가치에 무게를 두는 인간의 가장 근본적인 욕구와 맞닿아있다. 다만 이를 쟁취하기 위한 방법론에 차이가 있을 뿐인데, 세상에 거저 얻어지는 것이란 없다.

자신의 이름을 딴 화장품 회사의 설립자 헬레나 루빈스타인은 "못생긴 여자는 없다. 다만 게으른 여자만 있을 뿐"이라고 했다. 뒤집으면 '부지런한 여자가 아름다운(혹은 그렇게 될 가능성이 높은) 여자'라는 말씀 아니겠는가. 적어도 외적으로(외과적인 것과는 다르다) 아름다운 여성이 되려면 우리는 루빈스타인의 말처럼 조금 더 부지런해질 필요가 있는 것은 분명하다.

나이 마흔을 넘기고 보니 투명한 피부와 매끈한 머릿결은 '쌍꺼풀진 눈, 버선발 같은 코'보다 가치가 있는 듯싶다. 미인형 외모에 대한 트렌드는 시시각각 변하지만, 맑은 피부와 풍성하고 아름다운 머릿결에 대한 가치는 바래지 않는다. 특히 이것들은 하루아침에 좋아지는 게 아니어서, 나이가 들어도 피부와 머릿결이 곱다는 것은 얼마나 긴 시간 동안 부지런히 공을 들였는지 역설적으로 증명한다.

또 얼굴에 맞는 화장법을 확실히 알아야 한다. 화장은 흔히들 하는 우스갯소리처럼 자칫 과하면 분장 혹은 변장이 될 수도 있다. 그러나 제대로 숙지하고 있다면 가격대비 효율성과 만족감이 이만큼 높은 방법도 없다. 부지런히 연습하고 연구해서 나의 장점은 극대화시키고 단점은 최대한 가려주는 피부 연출법과 색조 메이크업을 깨우쳐야 한다. 나중에 50대가 되어 '환장', 60대가 되어 '젠장'이라는 소리를 듣지 않으려면 지금부터라도 노력해야 한다.

매일 파티에 가는 것처럼 꾸미는 것은 과하지만, 깔끔하고 세련된 복장을 갖추는 것은 매우 중요하다. '옷이 날개'라는 말은 괜히 있는 게 아니다. "나만 편하면 됐지 남이 무슨 상관이냐"는 것처럼 무책임한 말도 없다. 함께 호흡하는 사회인데 나만 편하면 된다는 게 어찌 면죄부가 되는가. 시간, 장소, 상황에 맞지 않는 요란한 옷차림이 NG인 것처럼 너무나 무심하고 초라한 행색도 NG다.

회사에 지각하지 않는 것만도 버거운데 밥풀만 묻어있지 않으면 됐지, 어찌 그런 것까지 신경 쓰느냐고 묻는다면 답은 벌써 나와 있다. 10분만 일찍 일어나면, 혹은 전날 밤에 미리 의상을 준비해도 충분히 가능하다. 이를 위해 백화점에서 머리부터 발끝까지 비싸고 좋은 옷으로 도배질할 수 있다면 환상적이겠지만, 그렇지 못하다고 좌절할 필요는 없다. 센스만 있다면 남대문시장에서도 파리 프레타포르테에서 볼 법한 옷을 구매할 수 있다. 다만 이 센스를 탑재하기 위해선 평소에 아름답다고 생각하는 다른 사람의 옷차림도 눈여겨보고, 잡지나 각종 매체를 통해 요즘 유행하는 아이템이 무엇인지 정도는 알고 있어야 한다. 내 눈에만 예쁘면 뭐하나, 트렌드와 너무 동떨어지면 들인 공에 비해 평가절하되기 십상이다.

탄력적인 몸매 역시 미인을 구성하는 빼놓을 수 없는 요소다. 아무리 김태희 얼굴이어도 출렁이는 뱃살에 터질 듯한 허벅지라면 그녀의 매력지수는 반감될 것이다. 무턱대고 마른 몸도, 그렇다고 모든 것을 내려놓은 듯 무심한 몸매도 아름답지 못하기는 마찬가지다.

에잇, 누가 예쁜 거 좋은지 몰라서 이러고 사느냐고? 알면 뭐하나, 행동으로 옮겨야지. 지금부터라도 조금씩 부지런을 떨면 어느 순간 우리는 아름다움에 성큼 다가가 있을 것이다.

워킹걸에겐 옷차림도 전략이다

　종종 얼굴을 내비치는 TV 프로그램에서 나를 설명하는 수식어는 '패셔니스타킹' 유아정 기자다. 나의 전문 분야인 패션뷰티와 남다른 스타킹 사랑에 영감을 얻은 담당 작가가 만들어낸 기발한 합성어다. 사실 TV 출연을 앞두고 스타킹 때문에 살짝 고민을 했었다. 다양하고 화려한 무늬의 스타킹을 사오는 재미에 해외 출장을 갈 정도지만, 이대로 방송에 나가도 될는지 스스로도 고개가 갸웃거려졌기 때문. 하지만 평범한 원피스를 '엣지' 있어 보이게 하는 스타킹을 포기할 수 없었고, 예상 외로 반응이 좋아 지금까지 별의별 무늬의 스타킹을 신나게 선보이고 있다. 안타깝게도 외모가 예쁘다는 칭찬을 들은 것은 손가락으로 꼽을 정도이지만, 스타일이 좋다는 말은 꽤나 자주 듣는 편이다.

　누구든 어느 시점에 이르러선 자신만의 스타일을 완성해야 한다. 여기서 중요한 것은 예쁜 외모가 아니라 자신의 이미지에 대한 장악이다. 즉, 스타일로 보여주는 캐릭터를 확립해야 한다는 얘기다. 특히 커리어우먼인 경우 마주하는 사람들에게 각인되는 나의 캐릭터나 스타일이 업무에도 지대한 영향을 미친다. '옷차림도 전략이다'라는 모 의류 브랜드의 광고 카피가 뜬금없이 나온 말이 아니다.

스타킹 취향으로 미루어 짐작할 수 있듯 나는 다양한 스타일을 시도하고 즐기는 편이다. 하지만 내가 그려내고 싶은 이미지에 대한 맥락을 놓치지 않는다. 170cm인 큰 키는 좋게 말하면 시원시원하고 세련된 스타일을 연출하기 유리하지만, 자칫 잘못하면 '인간 코끼리'로 각인될 수 있다. 이런 신체적인 조건에서 무턱대고 귀엽거나 사랑스러운 스타일을 추구하다가는 낭패를 보기 쉽다. 사실은 동화 속 공주님 같은 러블리한 스타일을 동경하지만, 초등학교 때 이미 160cm를 넘기면서 일찌감치 마음을 접었다. 도전적으로 매일 새로운 일을 취재해야 하는 기자 업무와 공주 스타일도 그다지 접점이 없었다. 대신 세련되면서도 우아한 분위기를 연출하려고 애썼다. 세련된 이미지는 한 번 확립하면 업무를 추진하거나 새로운 사람을 만나는 데에 도움이 된다. 당장 호락호락해 보이지 않기 때문에 상대방이 함부로 대하지 못한다. 여기에 우아한 이미지까지 더해지면 신뢰감이나 호감을 얻는 데 그리 오랜 시간이 걸리지 않는다는 장점이 있다.

덕분에 나의 옷장에는 이 같은 스타일을 손쉽게 표현해 줄 옷들로 가득하다. 깔끔하게 떨어지는 재킷은 안에 받쳐 입는 어떤 옷도 세련되게 변신시켜 주는 요술봉 같은 존재다. 좋은 소재에 몸매의 라인을 잘 잡아주는 재킷을 입으면 출근길에 갑옷을 두른 것처럼 든든하다. "너 죽고 나 살자"며 덤비는 세상을 향해 만반의 전투 태세를 마친 느낌이라고나 할까. 또 상의와 하의를 따로 힘들게 맞출 필요가 없는 원피스는 아침 출근 준비로 바쁜 워킹걸에 겐 둘도 없는 효자 아이템이다. 특히 엉덩이에서 허벅지로 이어지는 몹쓸 라인을 '통으로' 해결해주는 착한 옷이기도 하다. 허리 부분에 주름이 몇 줄 잡혀있다면 우아한 분위기 연출이 가능할 뿐 아니라 늘어진 뱃살도 감쪽같이 감출 수 있다.

"키가 큰데 왜 하이힐을 신느냐"는 주변인들의 타박에도 불구하고 9cm 이상 되는 킬힐도 포기하지 않는 아이템이다. 무릎 관절도 예전 같지 않은데 굳이 고집하는 첫 번째 이유는 그나마 짧지 않은 다리를 조금 더 길어 보이게 만들어주는 기특한 아이템이기 때문이다. 하지만 더 솔직히 말하면, 하이힐을 신으면 웬만한 남자들과 같은 눈높이로 대화가 가능해지기 때문이다. 인간도 동물인지라 직감적으로 강자와 약자를 가늠하게 되는데, 이때 눈높이는 이 둘을 구분하는 '무시할 수 없는' 요건이 된다. 눈높이가 높거나 같을 경우 남자들로부터 좀 더 부드러운 응대를 받는다는 느낌은 '나만의 착각'은 아닐 것이다. 나에게 하이힐은 험난한 회사 생활을 헤쳐 가는 조그마한 위안이자 노하우인 셈이다.

아, 회사가 무슨 이라크전이 열리는 전장도 아닌데 힘들게 캐릭터를 설정하고 이미지를 만들어내기 위해 노력까지 해야 하나 피곤하게 느껴질 수도 있겠다. "그러면 모두 너처럼 우아한 드레스 차림에 재킷을 걸치고 하이힐을 착장한 전투 자세로 회사에 출근하라는 것이냐"고 물어볼 수도 있겠다. 결코 아니다. 직업적 특성에 따라 편하게 캐주얼 차림으로 다녀도 되는 회사가 있을 것이고, 매일 정장 차림을 고수해야 하는 곳도 있을 것이다. 하지만 모두가 청바지에 티셔츠 차림이어도 나만의 색깔을 보여주는 것, 모두가 똑같은 재킷에 펜슬스커트를 입어도 나만의 캐릭터가 뚜렷하다는 것은 중요하다는 얘기다.

똑같은 선물이라도 검은 비닐봉지에 담아서 전달하느냐, 백화점 종이가방에 담아서 주느냐에 따라 받는 이의 느낌은 하늘과 땅 차이다. 나를 어떻게 보이도록 포장하느냐는 전적으로 나에게 달려있다. 아무리 만만하고 너른 직장이어도 내 집 안방이 될 수는 없다. 회사는 결코 편안한 곳이 아님을 기억해야 한다.

그
여자의
출근공식

초판 인쇄 | 2015년 2월 23일
초판 발행 | 2015년 3월 2일

지은이 | 유아정
펴낸이 | 김희연
펴낸곳 | 에이엠스토리(amStory)

책임편집 | 김승윤
편 집 | 임소연, 정지혜, 황정아
홍보·마케팅 | (주)에이엠피알(amPR)
디자인 | 김민정 스튜디오 미인 studiomiin.co.kr
인 쇄 | (주)상지사P&B

출판 등록 | 2010년 2월 15일(제307-2010-4호)
주 소 | (100-042) 서울특별시 중구 소파로 129(남산동 2가, 명지빌딩 신관 701호)
전 화 | 02-779-6319 **팩 스** | 02-779-6317
전자우편 | amstory11@naver.com
홈페이지 | www.amstory.co.kr
ISBN 979-11-85469-03-4 (03320)